만찢남의 오타쿠 레시피

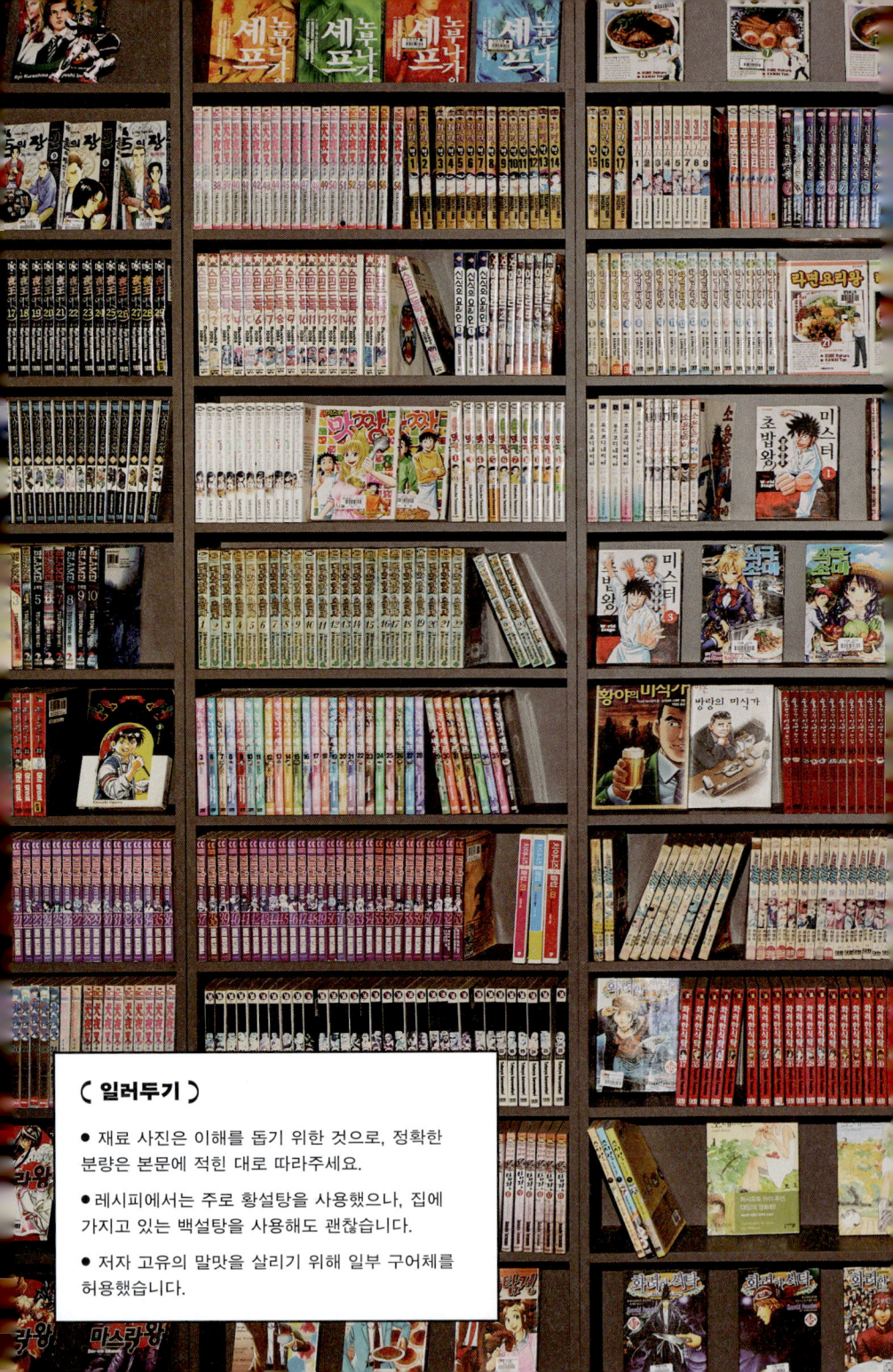

(일러두기)

● 재료 사진은 이해를 돕기 위한 것으로, 정확한 분량은 본문에 적힌 대로 따라주세요.

● 레시피에서는 주로 황설탕을 사용했으나, 집에 가지고 있는 백설탕을 사용해도 괜찮습니다.

● 저자 고유의 말맛을 살리기 위해 일부 구어체를 허용했습니다.

추천의 글

만화책 속 요리의 맛과 향기가 궁금했던 적 있지 않은가?

마치 만화 속 주민이었던 것처럼, 만찢남 조광효 셰프는 상상을 현실로 소환해냈다. 만화 속 한 장면에서 스쳐 지나간 음식 하나도 그냥 넘기지 않고, 캐릭터의 마음까지 담아 한 그릇의 요리로, 한 권의 책으로 완성했다. 이 책대로 그의 레시피를 따라 하다 보면, 어느새 나의 식탁에 올라간 요리에서 피어오르는 향이 느껴지고, 그 향을 따라 내 최애 만화의 오프닝 주제곡이 들리는 경험을 하게 된다.

이 책의 레시피는 따라 하기 쉽지만 그 안에 담긴 만화를 향한 덕심은 절대 얕지 않다. 이 책 한 권으로 부엌을 곧 덕질의 성지로 만들 수 있지 않을까? 내 최애와 한 식탁에 마주 앉은 듯한 기분!

요리는 결국 사람과 사람을, 그리고 현실과 상상을 잇는 가장 맛있는 방식이라는 걸 이 책이 증명해준다.

— 임태훈 셰프(〈흑백요리사〉의 '철가방 요리사')

이렇게 볼거리가 풍부한 요리책이라니!

조광효 셰프의 요리를 보면 '이 사람 정말 요리를 재미있게 하는구나.'라는 생각을 하게 된다. 재미있는 만화책 시리즈를 보는 것 같은 느낌마저 든다. 기승전결이 있고, 재미와 감동도 있고 교훈도 있다.

요리를 한입 먹어보는 것만으로 '어떤 사람일까?' 궁금하게 만드는 요리사는 흔치 않다. 요리의 기본기에 충실하면서도 셰프의 킥을 적재적소에 사용하여 그 맛을 상상조차 못했던 만화 속 음식이 조광효만의 요리로 탄생하는 과정을 책으로 지켜보자. 그리고 가장 중요한 것, 요리책이면서 정말 재미있다!!

이번 여름에는 그가 추천해준 만화책을 한 권씩 독파해봐야지.

— 채낙영 셰프(〈흑백요리사〉의 '돌아온 소년')

들어가며

오타쿠 셰프의
요리 실험실에 어서 오세요

『미스터 초밥왕』에 나온 달걀말이를 누나와 함께 만들어본 것이 제 인생 첫 만화 요리였습니다. 비록 처참한 실패로 끝났지만, 그때 느꼈던 '만화처럼 요리해보고 싶다.'는 감정은 오래도록 제 안에 남아 있었습니다. 만화 속 요리를 보며 '이게 진짜 가능할까?'라는 궁금증이 생기면 마음은 이미 부엌으로 달려가 있었죠. 그렇게 이 책, 『만찢남의 오타쿠 레시피』가 탄생했습니다.

이 책은 레시피만 알려주는 요리책이 아닙니다. 제가 어떤 만화를 재미있게 읽었고, 어떤 요리를 상상했는지, 또 어떻게 이를 일상 속에서도 쉽고 재미있게 요리할 수 있도록 레시피를 구상했는지를 엿볼 수 있는 오타쿠 셰프의 요리 실험 노트입니다. 만화 속 판타지 식재료를 현실에서 구하기 쉬운 것으로 대체해보기도 하고, 만화에선 한 컷으로 지나가는 요리를 여러 번 시도하며 재현해보는 과정은 저에겐 무엇보다 재미있는 실험입니다. 우리는 일상 속에서도 음식을 먹을 상대가 가장 좋아하는 맛과 향은 무엇일까 고심하며 요리하곤 합니다. 어쩌면 요리 실력은 덕질처럼 상대방을 위해 더 좋은 것을 주고자 노력하는 실험 정신에서 발전하는 것일지도 모르겠네요.

이 책에서는 만화 속 요리를 보다 잘 구현하기 위해 여러분에게는 익숙하지 않은 중식과 일식 재료가 등장할 수 있습니다. 그러나 냉장고 사정이 빠듯한 1인 가구, 요리 초보들도 쉽게 도전할 수 있도록 레시피는 최대한 간단히, 재료는 전부 온라인에서 쉽게 구할 수 있는 것들로 구성했습니다. 요리는 어렵고, 완벽해야 한다는 부담은 잠시 내려놓으세요. 이 책은 사랑하는 만화와 캐릭터가 떠오르는 요리를 해보고 싶다고 생각한 모두에게 열려 있습니다. 결과물보다는 '좋아하는 만화의 요리를 따라 만드는 과정'을 즐겨보시길 바랍니다.

〈흑백요리사〉를 통해 저를 기억해주시는 분들, 그리고 이 책을 기다려주신 모든 분들께 감사드립니다. 이제, 만화에서 막 튀어나온 레시피들로 가득한 저만의 실험실로 여러분을 초대합니다.

2025년 여름
조광효

차례

- 4 　일러두기
- 10 　추천의 글
- 12 　들어가며
- 18 　계량법
- 20 　맛의 세계를 넓혀주는 재료

제1화 지각을 면하는 개운한 아침 건강식

- 31 　조이치로의 두유 라멘 —『식극의 소마』
- 39 　고등어 레몬 소바 —『식극의 상디』
- 47 　피망 츠쿠네 —〈짱구는 못말려〉
- 55 　츙유빙 —『소용돌이』

쿠킹 외전: 쉬어가는 틈새 레시피

- 62 　와사비 낫토 토스트와 피자 —〈아따맘마〉
- 64 　쿠바 버거 —『오늘의 버거』

제2화 내 위장이 반응하고 있어! 최애의 HP 충전 요리

- 69 야마카케 우동 —『귀멸의 칼날』
- 77 이세계 포토푀 —『터무니없는 스킬로 이세계 방랑 밥』
- 83 비법 소스와 전설의 볶음국수 —〈짱구는 못말려 극장판: 엄청 맛있어! B급 음식 서바이벌〉
- 91 데미그라스 스튜 —『콘다 테루의 합법 레시피』
- 99 아롱사태 국밥 —『맛없는 밥 엘프와 유목 생활』

쿠킹 외전: 쉬어가는 틈새 레시피
- 106 가성비의 신 일락 라멘 —『나루토』
- 108 전문점 카레 —『미스터 맛짱』

제3화 첫 만남이지만 낯설지 않은데? 생소한데 맛있는, 반전 요리

- 113   스쿠나 닭발 피클 —『주술회전』
- 121   찹쌀 연근 — 〈스위트 홈〉
- 129   에스프레소 탕위안 —『도쿄 구울』
- 137   소죠의 빙결 당고 —『카구라바치』
- 147   우메보시 크림치즈 잼 —『체인소 맨』

쿠킹 외전: 쉬어가는 틈새 레시피
- 152   우메보시 볶음밥 —『신 중화일미』
- 154   토마토 라멘 —『라멘 너무 좋아 코이즈미 씨』

제4화 요리는 전쟁이다, 입안에서 소용돌이치는 승부 요리

- 159   초간단 동파육 —『맛의 달인』
- 167   디핑 소스 팔레트 — 〈블루 피리어드〉
- 177   골수 만두 —『철냄비 짱!! 2nd』
- 185   바지락볶음 도삭면 —『철냄비 짱!! 2nd』
- 193   비룡 떡볶밥 — 〈요리왕 비룡〉

제5화   궁극의 안주를 찾아서…

- 203 구수계 —『아빠는 요리사』
- 211 빵빵지 —『북두의 권』
- 219 육포와 맥주 소스 — 〈아비무쌍〉
- 227 홍콩식 차슈 —『메이드 인 어비스』
- 233 훈제 연어와 올리브오일 —『훈제요리 라이프』

- 240 이 책에 소개된 만화 목록

계량법

이 책의 계량은 전자저울 기준 액체류는 ml, 고체류는 g으로 표기했으며, 일부 밥숟가락 계량(T)을 혼용했습니다. 전자저울 및 계량 도구가 없을 경우 아래 표를 참고하세요.

밥숟가락 계량법

※ 가정용 밥숟가락에 평평하게 담았을 때 재료 1T 기준 분량(g/ml)입니다.

재료	분량
간장, 식초	10ml
유지류(식용유, 올리브유)	9ml
소금, 설탕	10g
밀가루, 고춧가루	5g
장류 및 올리고당	12g

종이컵 계량법

※ 6.5온스의 일반 종이컵 기준입니다.

종이컵	분량
1컵	180ml
1/2컵	90ml

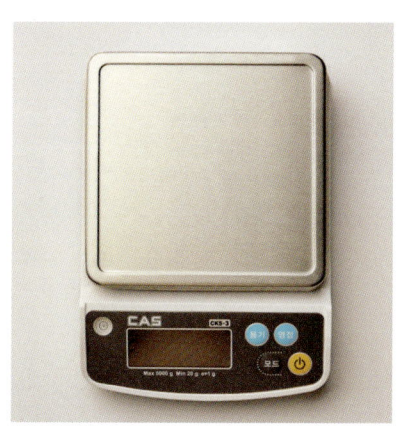

맛의 세계를 넓혀주는 재료

(식재료)

우메보시

매실을 소금에 절여 만든
새콤한 장아찌입니다.
살균 효과가 있다고 해서
일본에서는 도시락이나
주먹밥 등에 자주 사용되죠.
우메보시 한 개면 밥 한
그릇을 뚝딱 다 비운다는
이야기가 있을 정도로
매우 짭짤한 밥도둑입니다.

147쪽
우메보시
크림치즈 잼

152쪽
우메보시
볶음밥

31쪽
조이치로의
두유 라멘

템페

이것이 템페!

최근 한국에서도 비건 음식으로 많이 소개되고 있는 인도네시아의 발효 식품입니다. 버섯이나 건조한 고기 맛이 나며 식감이 단단합니다. 단독으로 먹기보다는 굽거나 튀겨서 디핑 소스 혹은 양념과 함께 즐기길 추천해요. 훌륭한 단백질원으로 샐러드나 샌드위치에 넣어 먹으면 다이어트 중인 분들에게도 좋습니다.

91쪽
데미그라스
스튜

오크라

마처럼 끈적끈적한 질감과 별 모양 단면이 매력적인 식재료입니다. 일본에서는 소금구이나 튀김으로 자주 해 먹어요. 익히면 고소한 맛이 나서 카레나 스튜에도 잘 어울립니다. 한국에서는 냉동 제품이 일반적이라 한번 데쳐서 물기를 제거한 후 요리에 사용하면 끈적함이 과하지 않아 먹기 좋습니다.

본 매로우(골수)

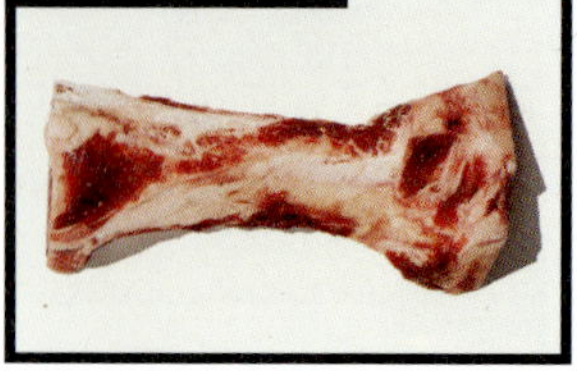

잘 구운 본 매로우는 '신의 버터'라고 불릴 정도로 진한 풍미가 있습니다. 본 매로우를 마늘과 함께 구워 바게트에 올리고 소금을 뿌려 먹으면 천상의 맛이니, 특별한 날에 한번 요리해 먹어보세요.

177쪽
골수
만두

찹쌀가루를 빚어 만든 중국식 경단입니다. 한국의 찹쌀떡보다 약간 작은 크기예요. 흑임자소 외에도 고구마, 치즈, 팥 등 다양한 페이스트를 넣어 먹습니다. 팥이 들어간 탕위안은 팥죽에 넣거나 고명으로 올려 먹어도 맛있어요.

129쪽
에스프레소
탕위안

탕위안

(소스와 향신료)

산초

마라탕이나 훠궈의 얼얼한 매운맛을 내는 향신료입니다. 시중에서는 가루 형태의 산초를 더 찾아보기 쉽지만, 통후추처럼 그때그때 갈아 넣으면 더 강한 매콤함을 즐길 수 있어요. 마파두부나 마라탕에 산초기름을 한 바퀴 둘러 먹어도 고소한 맛과 얼얼함이 배가 되어 마라 맛을 좋아하는 분들께 추천합니다.

185쪽
바지락볶음
도삭면

노추

달짝지근하고 깊은 풍미가 있는 중국식 간장입니다. 간을 맞추기보다는 진한 색을 내기 위해 요리에 많이 사용하는 소스예요. 노추가 없을 때는 설탕을 캐러멜라이징하여 대체하기도 합니다. 약간 춘장향이 나기 때문에 맛이 섬세한 요리에는 피하는 게 좋습니다.

노추를 바르는 모습

159쪽 초간단 동파육

오향분

팔각, 계피, 회향, 정향, 산초 등 다섯 향신료를 섞은 만능 분말입니다. 중국 요리의 향을 간편하게 낼 수 있어서 자주 사용해요. 갈비찜이나 닭찜에 팔각과 정향 등의 향신료를 넣고 오향분까지 추가하면 좀 더 강한 향신료 맛을 낼 수 있습니다. 저는 쌀국수 육수에 넣어 이국적이고 강한 향을 내고 싶을 때도 사용합니다.

라오간마

이제는 한국 마트에서도 쉽게 찾아볼 수 있는 중국의 대표 소스입니다. 라오간마는 사실 중국의 유명한 식품 브랜드 이름이지만, 빨간색 병에 얼굴 사진이 동그랗게 들어가 있는 제품이 너무 유명해져 소스 이름으로 정착해버렸어요. 고추기름에 땅콩, 두부, 산초, 고기 등을 넣어 만든 소스라 매콤하고 감칠맛이 아주 좋습니다. 평범한 라면에 라오간마 한 스푼만 넣어도 중식의 마라 맛이 나서 마라를 좋아하시는 분이면 구비해두시길 추천합니다.

203쪽 구수계

대괴부유

발효된 두부로, 치즈처럼 시큼하고 짭짤한 맛이 특징입니다. 취두부와 유사하지만 냄새는 훨씬 약합니다. 훠궈 소스나 마라탕에 한 조각 정도 개어 넣으면 맛에 깊이와 감칠맛을 더할 수 있습니다.

227쪽 홍콩식 차슈

55쪽 충유빙

흑식초

47쪽 피망 츠쿠네

현미나 쌀누룩을 사용해 만든 검은
식초입니다. 신맛과 은은한 과일향이 발사믹 식초와
비슷하지만, 풍미는 훨씬 깊어 즐겨 쓰는 소스입니다. 볶음
요리나 샐러드 드레싱 등 다양하게 활용해 먹을 수 있어요.
이 책의 레시피에서는 중국에서 생산된 진강향초 흑식초를
사용했습니다.

백식초

색이 투명하고 깔끔한 산미가 특징인 식초입니다. 흑식초보다 향이 약해 재료 본연의 맛을 살릴 때 사용하면 좋은 식초예요. 그래서 피클, 절임 반찬, 신선한 샐러드 드레싱 등에 자주 사용합니다.

정향

오향분의 주 향신료 중 하나로, 작은 못처럼 생겼습니다. 소화를 촉진시키는 효능이 있고 건강에 좋아 차로도 우려 마시곤 합니다. 물론 고기 요리의 잡내를 잡는 데도 사용하면 좋은 향신료입니다.

113쪽
스쿠나
닭발 피클

중식 고기 요리나 국물 요리의 잡내를 없애고, 깊은 향을 낼 때 사용하는 향신료입니다. 별 모양처럼 8개의 꼭짓점이 있는 것이 특징이에요. 수육, 닭볶음탕, 동파육 등등 고기 요리라면 어디든 잘 어울립니다. 마찬가지로 오향분의 주 향신료 중 하나이기도 해서 팔각을 따로 구매할 필요 없이 가정에서는 간편하게 오향분 한 팩만 구비해두고 사용하셔도 좋습니다.

팔각

제1화

바쁜 아침, 복잡한 요리는 부담스럽지요.
그래도 활기찬 하루의 시작을 위해서라면
속은 든든하게 채워야죠!
빠르게 만들 수 있으면서도 건강한 아침 메뉴를
소개합니다. 오늘도 잘 챙겨 드시고,
힘내서 다녀오세요.

건강한 아침

조이치로의 두유 라멘

난이도
★★★☆☆

두유를 사용해 만든 진한 돈코츠 국물 같은 맛이 일품입니다. 소마와의 요리 승부에서 소마를 가볍게 이긴 아버지 조이치로의 평온한 표정처럼 속이 편안해지는 재료만 사용해 아침 식사로 제격이에요. 더 깔끔한 맛을 위해서는 면을 따로 삶은 뒤, 두유에 막이 생기지 않을 정도로만 끓여서 라면 수프를 넣어 녹여주세요. 그 후 국물은 면 위에 붓는 게 좋아요. 만화책에서는 6권, 애니메이션에서는 1기 16화에 등장합니다.

『식극의 소마』

'맛있는 음식을 먹으면 벗는' 그저 그런 야한 만화라고 생각하면 큰 오산입니다. 요리사의 감정선을 섬세하게 파악하며, 남심까지 저격하는 매력적인 작품이죠. 프렌치, 중식, 일식 등 다양한 분야의 요리가 등장하고, 창의적인 레시피도 많아 저에게 큰 도움이 된 만화이기도 합니다.
아버지를 뛰어넘기 위해 끊임없이 도전하는 소마의 모습을 보며 결국 사람을 성장시키는 건 재능이 아니라, 계속 포기하지 않고 버티는 마음이라는 걸 배웠어요.

건강한 아침

(재료)

1인분
- □ 하얀 국물 라면 1개
- □ 두유 380ml
- □ 시금치 1뿌리
- □ 마늘 2쪽
- □ 마 3조각
- □ 연근 3조각
- □ 템페 1/3개
- □ 식용유 적당량
- □ 양조간장 2T
- □ 미소 1T
- □ 고추기름 1바퀴

★ 꼬꼬면, 사리곰탕면 등 하얀 국물 라면이라면 무엇이든 사용해도 좋아요.

★★ 꼭 달지 않은 두유를 사용하세요.

(준비)

1. 마늘은 다진다.

2. 시금치는 깨끗이 씻어 밑동을 잘라낸다.

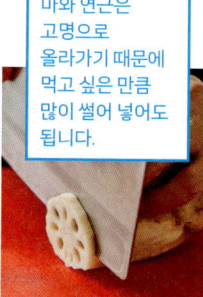

마와 연근은 고명으로 올라가기 때문에 먹고 싶은 만큼 많이 썰어 넣어도 됩니다.

3. 마와 연근은 껍질을 필러로 벗기고 얇게 썬다.

물방울을 떨어뜨렸을 때 즉시 튀어오르면 약 200도입니다.

4. 식용유를 냄비에 넉넉히 부어 200도로 예열한다.

(시작)

마는 생으로 먹어도 맛있기 때문에 겉면만 노릇해지면 바로 건져도 됩니다.

튀김가루가 있다면 마와 연근에 살짝 묻혀 튀기세요. 더 바삭하고 맛있어집니다.

1

예열된 식용유에 마와 연근을 조심스럽게 넣고 약 30초 빠르게 튀긴 후 철망에 올려 기름을 뺀다.

2

템페를 칼로 얇게 저며 양조간장 1T를 골고루 잘 바른 후 겉면이 노릇해질 때까지 튀겨 철망에 둔다.

③

프라이팬에 식용유를 두르고 다진 마늘을 넣어 마늘기름을 낸다. 그 후 시금치를 넣고 볶다가 프라이팬 가장자리에 양조간장 1T를 넣어 태우듯이 볶아 불향을 입힌다.

④

숨이 죽지 않을 정도로 살짝 볶은 시금치를 그릇에 덜어둔다.

두유를 끓이면서 생기는 막은 제거해주세요.

⑤

두유 380ml를 냄비에 붓고 미소 1T를 잘 개어 풀어준 뒤 팔팔 끓인다.

> 수프는 한 번에 다 넣지 말고 간을 보며 조절하세요. 조금 더 짭짤하게 먹고 싶다면 수프를 전부 넣으면 됩니다.

6

5에 면과 수프를 넣고 사용하는 라면 조리법에 따라 면이 익을 때까지 끓인다.

7

면이 다 익으면 그릇에 담고 템페와 볶은 시금치, 튀긴 연근과 마를 올린다.

건강한 아침

8

마지막으로 고추기름을
1바퀴 뿌리면 완성.

(맛있게 먹는 꿀팁!)

● 템페가 없으면 없는 대로
두유와 미소, 라면만으로
'간단 버전 두유 라멘'을
만들어도 좋아!

● 고추기름이 없다면
안 뿌려도 되지만, 있으면
국물의 풍미가 확 살기 때문에
꼭 뿌리기를 추천한다구!

해적들의 특식

고등어 레몬 소바

난이도 ★★☆☆☆

시트러스한 과일이 생각보다 라멘에 잘 어울린다는 사실, 아셨나요? 최근 홍대에 유자 라멘을 먹으러 간 적이 있습니다. 한입을 먹자마자 '이거 내가 먹을 수 있을까?' 생각했지만 뭔가 이상한 매력에 끌려 완식을 한 뒤 그 뒤로 집에서 자주 만들어 먹습니다. 레몬이나 라임이 소금맛 라멘 혹은 메밀소바 같은 면 요리에 생각보다 잘 어울리니 좋아한다면 과감한 양을 넣어보세요.

『식극의 상디』

『식극의 소마』작가가 글로 참여한 『원피스』의 공식 스핀오프 만화로 역시 『식극의 소마』의 스토리 작가답게 음식이 맛있으면 캐릭터들이 옷을 벗습니다. 요리보다는 원피스의 인기 캐릭터 상디의 요리 '생활'에 초점을 맞춰, 『식극의 소마』의 한 에피소드를 더 깊이 들여다보는 느낌을 줍니다. 만화로는 정점을 찍은 거장들의 개성과 익숙한 유머가 잘 살아 있어 두 만화의 팬에게는 반갑고 재미있는 만화예요. 『원피스』의 팬이라면 더욱 재미있게 읽을 수 있어요.

(재료)

1인분
- ☐ 메밀소바 1봉
- ☐ 레몬 1개
- ☐ 쪽파 1줌
- ☐ 무 1줌
- ☐ 고등어구이 1마리 혹은 훈제 고등어구이 1마리
- ☐ 올리브유 1바퀴
- ☐ 훈연 올리브오일 1바퀴(선택)
- ☐ 물 적당량

(준비)

1. 레몬은 씻어 고명용으로 3장 슬라이스 하고 남은 레몬은 깍둑 썬다.

2. 쪽파는 초록 부분을 고명용으로 송송 썰어 1줌 준비한다.

3. 무는 강판에 갈고 손으로 물기를 짜 고명용으로 1줌 준비한다.

고등어 레몬 소바

(시작)

1
냄비에 정량의 물을 붓고 깍둑썰기 한 레몬을 즙 짜서 넣은 뒤 끓으면 메밀소바 면을 넣어 삶는다.

> 물 양과 삶는 시간은 사용하는 메밀소바의 조리법에 따르세요.

> 면과 함께 삶은 레몬은 버리면 됩니다.

2
삶은 면을 차가운 물에 헹구고 물기를 털어내 그릇에 담는다.

3
올리브유를 1바퀴 두른 프라이팬에 고등어구이를 데운다.

4

사용한 메밀소바의 조리법에 따라 물 160ml, 건더기 수프, 액상 수프를 넣어 섞는다.

5

면 위에 구운 고등어, 레몬 슬라이스, 무, 쪽파를 올리고 4의 국물을 부으면 완성.

고등어 레몬 소바

(맛있게 먹는 꿀팁!)

● 그냥 고등어구이 대신 훈제 고등어를 올리면 더욱 맛있습니다.

● 훈연할 때 만들어둔 훈연 향의 올리브오일을 한 바퀴 뿌리면 향 폭발이야! (233쪽 훈제 연어와 올리브오일 참고)

짱구야, 피망 좀 먹어라

피망 츠쿠네

난이도 ★★☆☆☆

예전에는 피망을 싫어하는 짱구를 보며 그냥 그러려니 했지만, 피망과 브로콜리를 사랑하는 아들을 키우며 모든 어린이가 다 짱구 같지는 않다는 걸 알았어요. 그래서 아들에게 더 맛있게 피망을 요리해주기 위해 구상한, 아이들도 피망 좋아하게 만드는 레시피! 빠르고 쉽게 만들 수 있고 건강에도 좋은 레시피라 짱구를 위해서가 아니라 짱구 아빠 신형만을 위한 술안주로도 추천해요. 피망에서 나오는 채즙과 돼지고기에서 나오는 육즙이 팡팡 퍼지는 고급스러운 맛입니다. '전자레인지로 이런 맛을 낼 수 있다니!' 하며 놀랄지도?

〈짱구는 못말려〉

추억의 개그 애니인 줄 알았던 〈짱구는 못말려〉. 이제 아들을 키우는 입장에서 보니 육아 일기가 아닐까 하는 생각이 듭니다. 편식하거나 여자를 쫓아다니는 모습이 정말 저희 아들 같아서 지금 봐도 재미있습니다. 어른이 되면 〈아기공룡 둘리〉에서 둘리보다 고길동에 감정 이입되는 것처럼 성인이 되어 다시 보면 새로운 재미를 발견할 수 있는 명작입니다.

짱구야, 피망 좀 먹어라

(재료)

1인분
- [ ] 피망 2~3개
- [ ] 다진 돼지고기 300g
- [ ] 쪽파 4대
- [ ] 마늘 2쪽
- [ ] 소금 2g
- [ ] 치킨스톡 분말 2g
- [ ] 후추 3g
- [ ] 흑식초(선택)

> ★ 돼지고기는 지방이 많이 섞인 하얀 부위가 더 맛있어요.

(준비)

1 쪽파는 송송 썰고 마늘은 다진다.

2 피망은 깨끗이 씻어 먹기 좋은 크기로 잘라 속을 비운다.

피망 츠쿠네

(시작)

1
볼에 다진 돼지고기 300g, 썰어둔 쪽파와 마늘, 소금 2g, 치킨스톡 분말 2g, 후추 2g을 넣어 손으로 치대며 섞는다.

2
1의 반죽을 피망 속에 채워 넣는다.

내열 용기에 ㄹ를 담고 랩을 씌워 전자레인지에 5분 돌린다.

소를 많이 넣었다면 약 1분 정도 더 오래 돌리세요.

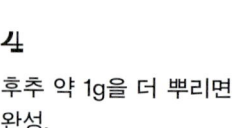

후추 약 1g을 더 뿌리면 완성.

무섭도록 흡입하게 되는 중식 파전

충유빙

난이도
★★★★☆

중국에서 충유빙은 베이글 같은 음식으로, 반죽에 생크림을 넣거나 달걀, 베이컨 등을 함께 부쳐 먹기도 하는 아주 훌륭한 간식이자 아침 식사입니다. 만화 속 에피소드 중 하나인 소용돌이 집착 아저씨, 토시오를 모티브로 통 안에 소용돌이처럼 빙글빙글 말려 죽어 있는 그의 모습을 떠올리며 만들었어요.
충유빙을 접을 때 팁은 더 얇게 접을수록, 버터를 많이 바를수록 마치 페이스트리처럼 예쁘게 찢어지는 충유빙이 완성된다는 것입니다.

『소용돌이』

공포 만화의 명장 이토 준지의 대표작 중 하나로, 기괴한 현상이 계속되는 쿠로우즈 마을을 배경으로 이야기가 펼쳐집니다. 사람들이 점차 달팽이로 변하거나 몸이 뒤틀리고 블랙홀에 빨려 들어가는 등 소용돌이와 관련된 충격적인 현상들로 마을은 아비규환이 됩니다. 무섭지만 여름에 읽으면 흡입력 있는 공포감으로 금세 완독하게 돼요. 아직도 이토 준지 공포 만화에 트라우마가 있는 저에게 다시 한번 이 책을 읽게 만든 출판사 여러분께 정말 감사드립니다.

무섭도록 흡입하게 되는 중식 파전

(재료)

1인분
- ☐ 중력분 200g
- ☐ 중력분 3T
- ☐ 쪽파 4대
- ☐ 물 120ml
- ☐ 소금 적당량
- ☐ 후추 적당량
- ☐ 식용유 20ml
- ☐ 버터 10g
- ☐ 흑식초(선택)

★ 흑식초가 없다면 진간장과 식초를 1:1 비율로 섞어 대체할 수 있어요.

(준비)

1 쪽파 4대는 송송 썬다.

충유빙

(시작)

1

볼에 중력분 200g, 미지근한 물 120ml, 소금 1T를 넣어 반죽한 뒤 랩을 씌워 실온에 20분 숙성시킨다.

2

다른 볼에 썰어둔 쪽파, 중력분 3T, 소금 1꼬집, 후추 1꼬집을 넣고 섞는다.

3

냄비에 식용유 20ml를 붓고 끓으면 버터를 10g 넣어 녹인다.

4

3의 버터기름을 2의 볼에 붓고 섞어 버터쪽파를 만든다.

5

1의 반죽을 밀대로 밀어 길게 펴고 만들어둔 버터쪽파를 넣은 뒤 김밥 말듯 한 번, 동그랗게 한 번 더 말아준다.

6

소용돌이처럼 말린 반죽을 밀대로 다시 얇게 펴고 랩으로 감싸 실온에 10분 휴지시킨다.

7

기름을 두르지 않은 팬을 중약불에 올리고 휴지시킨 반죽을 앞뒤로 노릇하게 구우면 완성.

쿠킹 외전 쉬어가는 틈새 레시피

아따맘마는 못말려

와사비 낫토 토스트와 피자

(재료)

1인분
- ☐ 식빵 2장
- ☐ 낫토 2팩
- ☐ 와사비 1g
- ☐ 마요네즈 20g
- ☐ 케첩 적당량
- ☐ 피자치즈 40g
- ☐ 토마토 1/4개(선택)

난이도
★☆☆☆☆

이상한 조합 같지만 생각보다 가볍고 건강한 맛에 또 요리하고 싶어지는 마성의 토스트입니다. 동동이가 냉장고에 있는 재료로 이것저것 야식 실험을 하듯 '다음에는 이것도 올려봐야지, 저것도 넣어봐야지.' 하는 실험 정신이 생겨요. 어릴 적 자기주장이 강한 동동이를 좋아했어서 '동동이, 남자의 심야 요리' 편에 나오는 낫토 피자를 만들었어요. 〈짱구는 못말려〉판 낫토 토스트는 덤입니다. 낫토에 자주 넣는 재료인 가쓰오부시, 오이 등 취향에 맞는 토핑을 올려보세요. 질리지 않는 아침 식사로 즐길 수 있어요.

(준비)　1　　토마토를 준비했다면 씨를 제거하고 깍둑썰기 한다.

(시작)　1　　와사비 1g과 마요네즈 20g을 섞어 와사비마요 스프레드를 만든다.

　　　　　2　　식빵 2장에 와사비마요를 바르고 젓가락으로 잘 저은 낫토를 골고루 올리면 (짱구는 못말려)판 낫토 토스트 준비는 끝.

　　　　　3　　(아따맘마)판 낫토 피자를 만들 식빵 1장에만 케첩을 원하는 만큼 뿌린 뒤 피자치즈 40g과 썰어둔 토마토를 올린다.

　　　　　4　　식빵 2장을 에어프라이어에서 160도 6분 구우면 완성.

(맛있게 먹는 꿀팁!)

- 콜라도 좋고, 우유와 함께 먹어도 좋아.
- 낫토는 많이 저을수록 맛있어진다는 소문이…?

〈아따맘마〉

어릴 적 엄마와 누나와 함께 티브이 앞에 모여서 각자의 캐릭터에 이입했던 기억 때문인지 〈아따맘마〉는 제게 그리운 추억의 애니입니다. "저거 봐, 완전 엄마 같아.", "저건 누나랑 똑같네." 이런 말들을 서로에게 건넸던 추억이 투니버스를 보던 동년배라면 다들 있지 않을까요?

쿠킹 외전 쉬어가는 틈새 레시피

고기만 있어도 만족감 100%
쿠바 버거

(재료)

1인분

- ☐ 햄버거 번 1개
- ☐ 부챗살 스테이크 1덩이(약 200g)
- ☐ 소금 2꼬집
- ☐ 후추 1꼬집
- ☐ 올리브유 1바퀴
- ☐ 버터 10g
- ☐ 생오레가노 약간*

★ 생오레가노가 가장 좋지만 건조된 것을 사용해도 괜찮아요.

단순함의 미학을 최대로 끌어올린 맛. 사실 요리에서 가장 중요한 것은 기술보다는 재료에 있다고 봐요. 이 요리야말로 좋은 빵, 좋은 고기, 좋은 버터가 잘 어우러져야 맛있게 즐길 수 있는 레시피입니다. 진한 육향과 버터의 고소함이 조화로워 생각보다 질리지 않는 맛이니 꼭 한번 만들어보세요. 여러 부위의 스테이크로 시험해보며 자신만의 암부르게사(스페인어로 '햄버거'라는 뜻)를 찾아보는 것도 단순한 요리의 재미입니다.

난이도
★☆☆☆☆

(시작)

1. 칼등으로 부챗살의 힘줄*을 다진 뒤 소금 2꼬집, 후추 1꼬집을 뿌린다.

★ 힘줄을 많이 다질수록 육질이 부드러워집니다.

2. 예열한 프라이팬에 올리브유를 1바퀴 두르고 버터 10g을 녹인다.

3. 버터를 잘 끼얹으며 스테이크**를 강불에 앞뒤로 2~3분씩 굽는다.

★★ 스테이크 굽기는 취향껏 조절하세요. 약간 핑크빛이 도는 정도가 맛있습니다.

4. 육즙이 남아 있는 팬에 그대로 번을 올려 굽는다.

5. 그릇에 번을 담고 고기와 생오레가노를 올린 뒤 번으로 덮으면 완성.

(맛있게 먹는 꿀팁!)

- 작중 배고픈 야구 선수, 오지가 되었다는 마음으로 손으로 잡고 크게 한입 베어 물어봐.

『오늘의 버거』

햄버거의 무한한 가능성을 보여주는 요리 만화입니다. 주인공이 수제 버거 가게에서 일하며 손님들의 사연을 마주하고, 그에 맞는 햄버거를 만드는 과정은 마치 짧은 힐링 드라마 같아요. 예상 가능한 전개지만, 어릴 적 요리 만화의 감수성에 익숙한 사람이라면 오히려 그 진부한 흐름이 정겹게 느껴질 거예요. 쿠바 버거는 1권에 나옵니다.

제2화

한입만으로 기력이 풀충전되는 그런 소울 푸드가 있지 않나요? 만화 속 주인공의 소울 푸드와 먹자마자 힘이 나는 원기 회복 요리를 모았습니다.
지치고 힘든 날, 나의 HP를 회복시켜줄 마법 물약 같은 요리를 만들어보세요.

여동생 몫까지 뺏어 먹게 만드는 맛

야마카케 우동

난이도 ★★☆☆☆

일본 요리책을 보면 참마가 자주 등장하는데, 평소에도 낫토나 날달걀을 자주 먹는 문화를 생각하면 일본 사람들은 참 끈적끈적한 음식을 좋아하는 것 같아요. 참마를 갈아서 면이나 밥 위에 올리는 것을 '야마카케'라고 하는데, 이 요리도 간 참마를 사용하는 레시피입니다. 참마를 생으로 먹으니 건강에 좋은 것은 물론이고, 한번 먹어보면 오니를 사냥하느라 긴장했던 탄지로의 몸과 마음이 풀리는 상냥한 맛인 것을 알게 될 거예요. 애니메이션에서는 8화에 나옵니다.

『귀멸의 칼날』

만화방을 운영하던 시절, 손님의 추천으로 들여놨던 만화책인데 1권을 읽자마자 '이거 대작인데?' 싶었습니다. 어릴 적 오니의 습격을 받아 가족이 몰살당한 뒤 유일하게 살아남은 여동생마저 오니가 되어버린 주인공, 탄지로의 이야기예요. 절망적인 상황에도 굴하지 않고 여동생을 인간으로 되돌려놓기 위해 분투하는 탄지로의 성격이 매력적이에요.

여동생 몫까지 뺏어 먹게 만드는 맛

(재료)

1인분
- ☐ 생생우동 1봉
- ☐ 참마 400g
- ☐ 달걀 1개
- ☐ 쪽파 1줌
- ☐ 물 적당량
- ☐ 김(선택)
- ☐ 시치미(선택)

(준비)

1 참마 400g은 강판에 간다.

2 쪽파는 고명용으로 1줌 송송 썬다.

3 달걀은 흰자를 분리해 노른자만 따로 덜어둔다.

야마카케 우동

(시작)

1
생생우동의 건더기 수프와 면을 끓는 물에 넣고 2분 끓인다.

2
면이 다 익으면 면수를 100ml가량 남기고 면과 건더기를 체에 밭쳐 물을 거른 뒤 그릇에 담는다.

3
액상 수프에 면수 100ml를 넣어 국물을 조합한 뒤 면 위에 붓는다.

여동생 몫까지 뺏어 먹게 만드는 맛

4
갈아둔 참마를 가득 붓는다.

5
마무리로 노른자와 쪽파를 올리면 완성!

(맛있게 먹는 꿀팁!)

- 잘게 썬 김을 올려 먹어도 맛있어!
- 시치미나 고춧가루 한 꼬집을 추가하면 더 칼칼하게 즐길 수 있어.

모험에는 뜨끈한 국물 요리지!

이세계 포토푀

난이도
★★☆☆☆

간단히 밀프랩해 캠핑지에 가져가 만들기 좋은 요리입니다. 포토푀는 저수분 요리라 수분감 있는 식재료의 선택과 그 양이 중요해요. 양배추를 너무 많이 넣으면 양배추에서 나온 수분으로 수프가 되어 약간 퀴퀴한 맛이 날 수 있으니 양파와 토마토의 비율을 레시피대로 잘 맞춰주세요. 만화에서는 1권, 애니메이션에서는 1화에 등장합니다.

『터무니없는 스킬로 이세계 방랑 밥』

전생에 이용하던 인터넷 쇼핑몰에서 식재료나 도구를 이세계로 소환하는 능력을 지닌 주인공이 모험을 하며 마물을 요리하는 판타지 만화입니다. 판타지 괴물들을 보며 '저건 무슨 맛일까?' 하고 가끔 생각하는데, 이 만화에서는 대부분 현실의 재료와 비슷한 맛이라고 표현해 궁금하면서도 한편으로는 표현의 한계에 실망스러움을 느꼈달까요…? 표현하기 어려운 새로운 맛이었으면 좋을 것 같지만…. 그래도 음식 하나는 기깔나게 맛있게 그려져 있으니 요리 만화를 좋아하시면 추천합니다. '스이'라는 슬라임이 엄청 귀여워요.

모험에는 뜨끈한 국물 요리지!

(재료)

1인분
- ☐ 감자 2개
- ☐ 소시지 2개
- ☐ 양배추 1/4통
- ☐ 양파 1/4개
- ☐ 토마토 1개
- ☐ 월계수잎 2장
- ☐ 콩소메스톡 1개
- ☐ 물 300ml
- ☐ 소금 1꼬집

★ 콩소메스톡 대신 치킨스톡을 사용해도 무방합니다.

(준비)

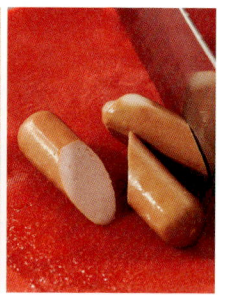

1 감자는 껍질을 벗긴 후 큼지막하게 썬다.

2 양파와 양배추는 깨끗이 씻어 큼지막하게 썬다.

3 토마토는 꼭지를 떼고 4등분한다.

4 소시지는 어슷하게 썰어 2등분한다.

(시작)

1

냄비에 물 300ml를 붓고 준비한 감자, 소시지, 양배추, 양파, 토마토, 월계수잎 2장, 콩소메스톡 1개를 넣는다.

취향에 따라 소금은 가감하세요.

2

냄비 뚜껑을 덮고 채즙이 잘 우러날 때까지 약 40분 푹 끓인 후 마지막에 소금 1꼬집을 뿌린다.

위장을 자극하는 향!

비법 소스와 전설의 볶음국수

난이도
★★★☆☆

볶음국수의 매력은 뭘 튀겨도 맛있는 튀김처럼 무엇이든 넣고 볶아도 맛있다는 것! 그뿐만 아니라 볶음국수는 탄수화물인데도 다른 탄수화물과 잘 어울려 밥반찬으로도, 빵의 속을 채워 샌드위치나 핫도그로도 먹을 수 있다는 장점이 있죠. 비법 소스는 취향에 따라 가감하여 간이 딱 맞는 자신만의 볶음국수를 만들어보길 바랍니다.

〈짱구는 못말려 극장판: 엄청 맛있어! B급 음식 서바이벌〉

음식에도 계급이 있다는 설정하에, 짱구와 친구들이 B급 음식을 지키기 위해 벌이는 유쾌한 모험 이야기입니다. 사실 음식에 급을 나누는 것을 좋아하지 않지만, 이 작품에서 말하는 'B급 음식'은 완벽하거나 전문적이지 않아도 추억과 따뜻함이 담긴 요리를 뜻하는 것 같았어요. 그래서 저도 '내 요리가 그런 B급 음식과 닮지 않았을까?' 생각하며 봤습니다. 흔히 말하는 고급 요리 대신, 소박하지만 마음을 채워주는 음식들을 지키기 위해 고군분투하는 짱구를 보며 완벽하지 않은 요리도 누군가에겐 특별할 수 있다는 감동을 받았어요.

위장을 자극하는 향!

(재료)

1인분
- ☐ 에그누들 2개
- ☐ 팽이버섯 1줌
- ☐ 느타리버섯 1줌
- ☐ 표고버섯 1/2송이
- ☐ 청경채 1포기
- ☐ 쪽파 3대
- ☐ 식용유 2바퀴
- ☐ 베트남고추 2개
- ☐ 다진 마늘 1T
- ☐ 다진 생강 1꼬집

비법 소스
- ☐ 물 200ml
- ☐ 진간장 20ml
- ☐ 설탕 15g
- ☐ 굴소스 100ml
- ☐ 노추 100ml

★ 비법 소스는 2~3주 정도 냉장 보관 가능하니 양껏 만들어두고 어떤 볶음 요리에든 활용해보세요.

★ 1인분용 소스의 정량은 진간장 30ml, 설탕 10g, 굴소스 15ml, 노추 15ml입니다.

(준비)

1 팽이버섯과 느타리버섯은 손으로 찢고 표고버섯은 편 썬다.

2 청경채는 밑동을 자른다.

3 쪽파는 5cm 길이로 썬다.

비법 소스와 전설의 볶음국수

(시작)

1
에그누들을 끓는 물에 3분 삶고 면을 건진 후 넓은 그릇에 펼쳐 수분을 날린다.

2
물 200ml, 진간장 20ml, 설탕 15g, 굴소스 100ml, 노추 100ml를 섞어 비법 소스를 만든다.

③

웍에 식용유 2바퀴를
두르고 베트남고추 2개,
다진 마늘 1T, 다진 생강
1꼬집을 넣고 볶는다.

④

웍이 충분히 뜨거워지면
손질한 청경채, 버섯을
모두 넣고 볶는다.

⑤

채소의 숨이 죽기 전에
1의 에그누들을 넣고 면을
잘 풀어준다.

6

간을 보며 비법 소스 4~5T와 쪽파를 넣고 강불에서 1분 볶는다.

야쿠자의 의리처럼 진한 풍미

데미그라스 스튜

난이도
★★★☆☆

밥에 올려도 맛있고 와인과 함께 구운 빵을 찍어 먹어도 최고인 농후한 데미그라스 스튜. 오크라와 셀러리, 토마토 등 채소도 듬뿍 들어가 건강합니다. 데미그라스 스튜가 남는다면 다음 날 카레나 하이라이스에 넣어 숨겨진 깊은 맛을 내보세요. 혹은 볶음밥을 만들 때 케첩과 함께 넣어 볶아도 좋으니 다양하게 즐겨보세요. 만화책 3권에 나옵니다.

『콘다 테루의 합법 레시피』

야쿠자 요리 만화입니다. 고등학생 야쿠자 '테루'는 거친 야쿠자 생활을 하면서도 요리에 진심인 주인공입니다. 사건 사고 속에서도 결국 "오늘은 뭘 해 먹을까?"로 회귀하는 주인공의 모습이 묘하게 웃기고 정겹죠. 특히 일을 끝낸 후, 하루를 회상하며 혼자서 만드는 요리에는 테루의 감정과 상황이 그대로 반영됩니다. 폭력적으로 표현되는 맛과 요리 과정이 재미있어요. 우락부락한 야쿠자들이 요리 앞에서 순해지는 모습도 귀여워요.

야쿠자의 의리처럼 진한 풍미

(재료)

1인분

- [ ] 데미그라스 소스 200g
- [ ] 밥 1공기
- [ ] 소시지 2개
- [ ] 양파 1/2개
- [ ] 셀러리 1대
- [ ] 오크라 2개
- [ ] 생새우 5마리
- [ ] 토마토 1/2개
- [ ] 버터 10g
- [ ] 마늘 1쪽
- [ ] 올리브유 1바퀴
- [ ] 물 100ml
- [ ] 콩소메스톡 1개

★★ 콩소메스톡 대신 치킨스톡을 사용해도 무방합니다.

★ 냉동 새우를 사용할 경우 잘 해동해주세요.

(준비)

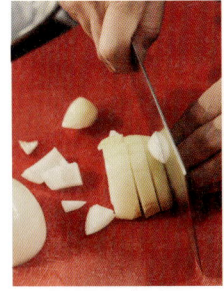

1 양파는 카레에 들어가는 크기로 숭덩숭덩 썬다.

2 셀러리는 손가락 1마디 크기로 썰고 오크라와 소시지는 가로로 송송 썬다.

3 토마토는 꼭지를 떼고 깍둑 썬다.

4 마늘은 다진다.

데미그라스 스튜

(시작)

1
냄비에 버터 10g을 넣어 녹인 후 다진 마늘과 양파를 넣고 약불로 볶는다.

2
마늘향이 솔솔 나면 셀러리, 토마토, 소시지를 넣고 중약불에 물이 살짝 나올 때까지 볶는다.

야쿠자의 의리처럼 진한 풍미

3
프라이팬에 올리브유 1바퀴를 두르고 새우 5마리, 오크라를 넣은 뒤 강불로 볶는다. 새우가 빨갛게 익으면 그릇에 따로 담아둔다.

> 사용하는 데미그라스 소스에 따라 간을 보며 소금을 추가해도 좋아요.

4
2의 냄비에 물 100ml, 데미그라스 소스 200g, 콩소메스톡 1개를 넣고 중불에 뭉근하게 졸인다.

데미그라스 스튜

이때 고명으로 올릴 새우와 오크라는 남겨두세요.

5
소스가 졸아들면 볶아둔 오크라와 새우를 넣고 10분 더 끓인다.

6
그릇에 밥을 담고 스튜를 끼얹은 뒤 새우와 오크라를 올리면 완성.

맛있는 '메메' 수육과 육수 100% 활용법

아롱사태 국밥

난이도
★★★★☆

실제 저의 매장에서 판매했던 장육 조리법을 활용한 레시피예요. 간단하지만 생각보다 훨씬 깊은 맛이 나서 가정에서도 요리해보길 추천합니다. 원래는 수육만 먹는 레시피이지만, 수육을 삶고 남은 육수도 그냥 버리기 아까울 만큼 시원하고 맛있어서 활용해보았어요. 작중 '메메'는 양과 비슷한 엘프족의 가축인데 저는 소 아롱사태를 사용했습니다.

『맛없는 밥 엘프와 유목 생활』

최근 재미있게 본 요리 만화 중 하나입니다. 이세계물이지만 잔잔한 스토리의 힐링물이랄까요…? 이세계로 전이한 사부로가 맛없는 음식만 먹으며 사는 엘프들에게 맛있는 요리를 해주고 감동시킨다는 내용인데, 요리에 사용하는 판타지적인 식재료와 다양한 캐릭터들이 굉장히 볼 만합니다. 제발 만화책이 빨리 완결되지 않기만을 바라고 있어요.

(재료)

1~2인분
- [ ] 아롱사태 500g
- [ ] 설탕 1T
- [ ] 물 적당량
- [ ] 소금 20g
- [ ] 다시다 10g
- [ ] 대파 약간
- [ ] 밥 1~2공기
- [ ] 후추(선택)

(준비)

1 대파 흰 부분은 가늘게 채 썰어 차가운 물에 담가 매운맛을 뺀다.

2 아롱사태는 물에 담가 설탕 1T를 넣고 1시간 이상 핏물을 뺀다.

아롱사태 국밥

(시작)

> 채 썰고 남은 대파를 큼지막하게 잘라 함께 끓이면 육수가 더 시원해져요.

1
압력솥에 아롱사태와 물 2L, 소금 20g, 다시다 10g을 넣고 뚜껑을 덮어 센불에 끓인다.

2
압력솥의 추가 돌기 시작하면 중약불에 20분 끓이고, 불을 끈 뒤 10분 더 뜸 들인다.

3

잘 익은 고기를 건져 수육처럼 얇게 썬다.

4

밥 위에 고기와 매운맛을 뺀 파채를 올리고 체에 거른 육수를 부으면 완성.

체에 거르는 작업은 귀찮으면 생략해도 괜찮아요.

아롱사태 국밥

쿠킹 외전 쉬어가는 틈새 레시피

주머니가 가벼운 날, 배부르게 먹고 싶을 때

가성비의 신
일락 라멘

(재료)

1인분

- ☐ 사골곰탕 육수 400ml
- ☐ 풀무원 로스팅 돈코츠라멘 1봉
- ☐ 물 100ml
- ☐ 숙주 1줌
- ☐ 감동란 1개
- ☐ 마늘 2쪽
- ☐ 식용유 1바퀴
- ☐ 베이컨 2줄(선택)
- ☐ 쪽파 1줌(선택)
- ☐ 나루토 어묵 2장(선택)
- ☐ 땅콩버터 1T

나뭇잎 마을 사람들은 아홉 개의 꼬리를 가진 여우 요괴, 구미를 봉인한 나루토를 미워합니다. 그런 마을 사람들 중 유일하게 나루토를 어린 소년으로 대우한 라멘 선인 테우치의 일락 라멘입니다. '일락'이라는 라멘 가게의 주인장 테우치는 후속작 『보루토』에서 매장을 확장해 번창한 모습을 보여주는데, 역시 그의 장사력과 요리 실력은 대단하군요.
실제 제 만화방에서 판매하려고 했던 레시피로, 학생들이 많이 오는 위치 특성상 가성비를 고려해 만든 메뉴이니, 배부르게 먹고 싶을 때 만들어보세요.

난이도
★☆☆☆☆

(준비)

1. 감동란은 반으로 자른다.
2. 숙주*는 깨끗이 씻어 체에 받쳐두고, 마늘**을 다진다.

★ 숙주는 취향에 따라 양껏 넣어도 좋아요.
★★ 시판 다진 마늘보다 생마늘을 다져 쓰기를 추천합니다.

(시작)

1. 프라이팬에 식용유 1바퀴를 두르고, 숙주의 숨이 죽지 않도록 살짝만 볶아둔다.
2. 냄비에 사골곰탕 육수 400ml와 물 100ml를 붓고 끓으면 면과 동봉된 건더기 수프, 라멘 소스를 넣고 3분 30초 끓인다.
3. 라멘을 그릇에 담고 숙주와 감동란, 다진 마늘을 올려 마무리.

(맛있게 먹는 꿀팁!)

● 베이컨을 구울 때 나온 기름을 라멘 위에 두르고 베이컨을 고명으로 올려도 굿!

● 쪽파와 나루토 어묵을 썰어 올리면 만화와 더 비슷하다구~

● 땅콩버터가 있다면 라면을 끓일 때 한 스푼 넣어도 고소하고 맛있어.

『나루토』

1권을 처음 빌려 보던 때가 아직도 생각납니다. 당시 『원피스』보다 더 좋아했던 만화책이에요. 어렸을 때는 몰랐지만 지금 와서 보니 따돌림당하던 어린 나루토에게 테우치는 정말 좋은 어른이었던 게 아닐까 생각합니다. 저 또한 그런 어른이 되기 위해 '오케이 선데이'라는 가게를 운영할 때 결식아동 돕기 캠페인을 벌였던 기억이 나네요. 좋은 만화는 좋은 사람을 기르기도 하는 모양입니다.

쿠킹 외전 쉬어가는 틈새 레시피

정식집 카레 맛을 원했지만 전문점 맛이 되어버린…

전문점 카레

(재료)

1인분

- ☐ 닭다리살* 200g
- ☐ 카레 가루** 50g
- ☐ 밥 1공기
- ☐ 식용유 2바퀴
- ☐ 쌍화탕 50ml
- ☐ 물 100~150ml
- ☐ 밀크카라멜 1개
- ☐ 커민 가루 2꼬집(선택)

★ 고기는 다른 부위도 좋지만 부드러운 닭다리살을 추천해요.
★★ 카레는 시판 카레 가루 중 어떤 것을 사용해도 좋아요.

가정식을 파는 주인공 '요타'의 카레가 너무 풍미 있는 전문점 맛이 나버려서 고민이 많아진 2권의 에피소드에서 따온 레시피입니다. 그만큼 간단하지만 높은 퀄리티를 보장해요! 만화에서는 한방 위장약을 사용했는데, 성분이 쌍화탕과 비슷해 쉽게 구할 수 있는 쌍화탕으로 대체했어요. 쌍화탕에 들어 있는 향신료와 한약재가 인도 카레 같은 맛과 향을 쉽고 간단하게 내줍니다.

난이도
★☆☆☆☆

(준비)

1. 닭다리살을 먹기 좋은 크기로 썬다.
2. 카레 가루 50g에 쌍화탕 50ml와 물 100ml를 넣어 잘 섞는다.

(시작)

1. 냄비에 식용유를 2바퀴 두르고 강불에서 닭고기*를 볶는다.

★ 카레를 끓일 때 익히면 되니 겉면이 하얗게 될 때까지만 볶으세요.

2. 준비 2의 카레 용액을 1의 냄비에 넣고 끓인다.**

★★ 취향껏 물을 추가하며 농도를 맞추세요.

3. 약 6~7분 끓이고 농도와 간이 맞으면 밀크카라멜*** 1개를 넣어 녹을 때까지 잘 섞는다.

★★★ 밀크카라멜은 단단해서 잘 녹지 않으니 주걱으로 눌러가며 끝까지 녹여주세요.

4. 밥과 함께 담으면 완성!

(맛있게 먹는 꿀팁!)

- 밀크카라멜을 많이 넣을수록 코코넛 밀크를 넣은 인도 카레처럼 맛이 진해져. 달달한 맛을 좋아하면 2~3개를 넣어도 좋아.

- 카레를 끓일 때 커민 가루를 2꼬집 넣으면 진짜 인도의 향이 폴폴 나서 더 맛있어^^

『미스터 맛짱』

볼 때마다 항상 새로운 영감을 주는 만화예요. 중학생의 나이로 요리 대회에 참가해 프로들과 박진감 넘치는 명승부를 펼쳤던 1세대 맛짱의 아들 '요타'가 히노데 식당을 운영하며 성장하는 이야기입니다. 요리 기술뿐만 아니라 자영업자로서 겪어야 하는 고충까지 리얼하게 담아낸 명작이에요.

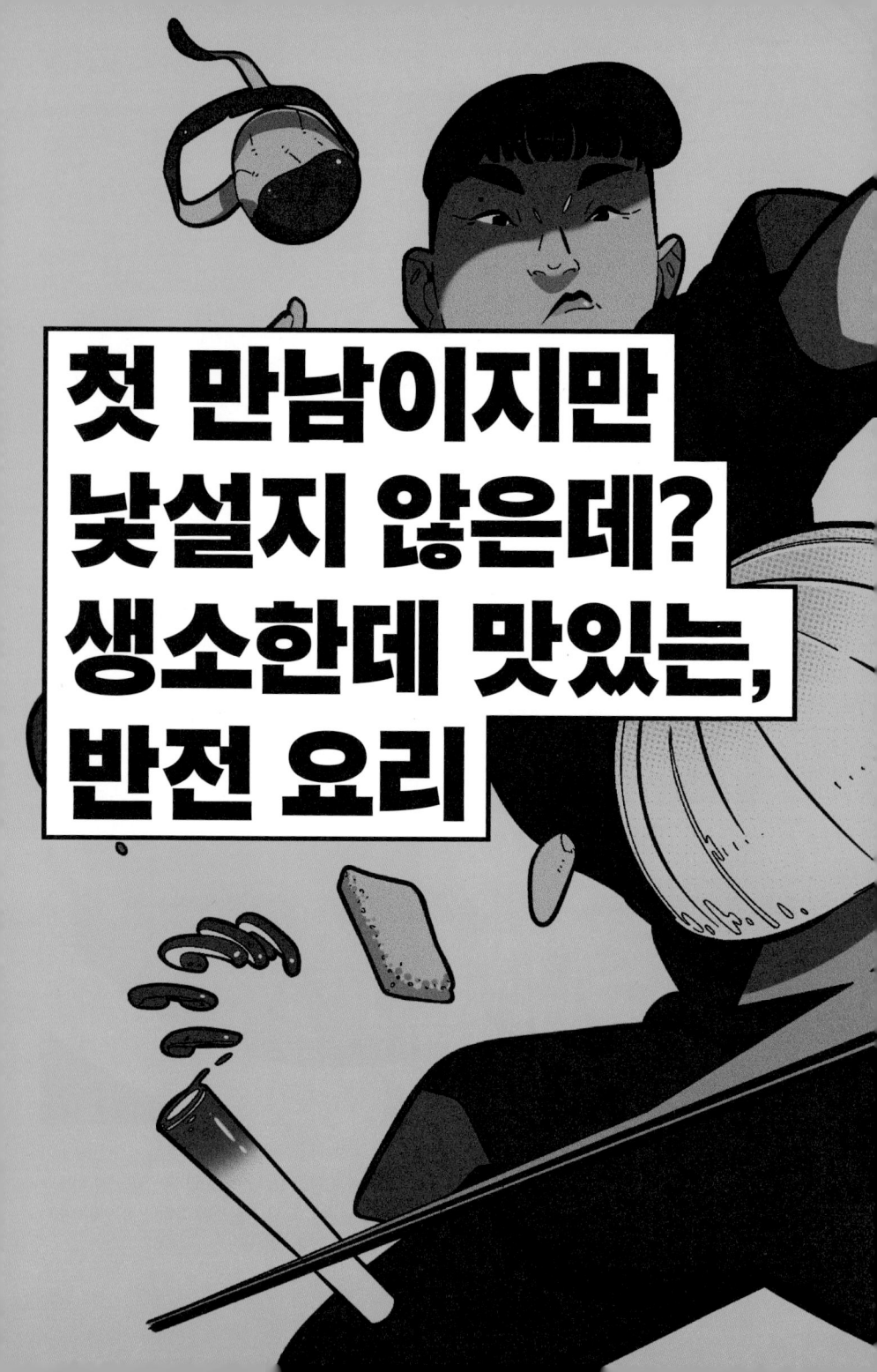

제3화

"이 조합에서 이런 맛이…?!" 하고 놀랄지도 몰라요. 익숙하지 않은 재료와 레시피이지만 한번 요리해 먹어보면 헤어나올 수 없는 중독적인 맛으로 여러분의 입맛을 사로잡을 거예요. 상상력과 입맛을 모두 자극하는 특별한 요리들로 지루한 일상에 위트를 더해보세요.

저주받을 만큼 중독적인 맛

스쿠나 닭발 피클

난이도 ★★★☆☆

최종 보스 료멘스쿠나의 손가락이 떠오르는 요리입니다. 닭발 피클은 한번 빠지면 헤어나올 수 없는 중독적인 맛이지만, 호불호가 갈리는 요리이긴 합니다. 맛은 오이 피클과 비슷하지만 특유의 향이 있어요. 그러니 만들기 전에 중국 식자재 마트에서 산초닭발 절임을 구매해 먹어보고, 입에 맞으면 도전하세요.

『주술회전』

꿈도 희망도 없는 결말로 팬들을 충격에 빠트린 만화지만, 주인공 이타도리의 꿋꿋함과 주술사 캐릭터들의 능력과 개성이 살아 있어 폭발적인 인기가 납득되는 만화이기도 합니다. 평범한 고등학생 이타도리가 저주의 왕으로 불리는 스쿠나의 손가락을 삼켜 몸에 스쿠나를 품게 된 후, 저주를 풀기 위해 주술사들의 학교에 입학하며 벌어지는 이야기입니다.

저주받을 만큼 중독적인 맛

(재료)

- ☐ 생닭발 500g
- ☐ 생강 2편
- ☐ 마늘 2쪽
- ☐ 쪽파 1대
- ☐ 물 적당량

향신료물
- ☐ 베트남고추 2개
- ☐ 팔각 2개
- ☐ 월계수잎 2장
- ☐ 정향 1개
- ☐ 물 800ml

피클물
- ☐ 백식초 120ml
- ☐ 설탕 30g
- ☐ 소금 15g
- ☐ 미원 10g

★ 팔각과 정향이 없다면 오향분 10g으로 대체할 수도 있지만, 깔끔한 맛을 위해 향신료물 재료를 그대로 사용하시길 추천합니다.

(시작)

1
냄비에 물을 넉넉히 붓고 생강 2편과 마늘 2쪽, 쪽파 1대를 통으로 넣고 끓인다.

스쿠나 닭발 피클

> 국내산 냉장 닭발을 사용하신다면 15~20분만 삶으세요.

2

물이 끓으면 닭발을 넣고 강불에서 약 40분 삶은 뒤 생강, 마늘, 쪽파는 건져서 버리고 닭발만 체에 걸러 찬물에 씻는다.

3

다른 냄비를 꺼내 향신료물 재료를 전부 넣고 10분 끓인 뒤 식힌다.

할라피뇨 통조림이 있다면 피클물 대신 사용하세요. 더 간단합니다.

4

그릇에 피클물 재료를 전부 넣고 섞는다.

5

절임 용기에 2의 닭발을 넣고 피클물과 완전히 식은 향신료물을 붓는다.

뜨거운 향신료물을 완전히 식혀야 닭발이 과하게 익지 않습니다.

6

뚜껑을 잘 봉해 냉장고에
넣어두고 2일 이상 절인다.

스위트 홈 연근이

찹쌀 연근

난이도
★★★☆☆

중국의 간식, 달콤하고 쫄깃한 찹쌀 연근입니다. 작중 등장하는 연근처럼 생긴 괴물을 보고 떠올린 레시피예요. 연근은 자르기 전에 속이 썩었는지 알 수 없으니 최대한 굵은 연근을 구매하세요. 실패할 가능성이 줄어듭니다.

〈스위트 홈〉

처음엔 그냥 괴물 나오는 웹툰 정도로 생각했는데, 읽을수록 인간 내면의 욕망이 괴물화된다는 설정이 너무 흥미로웠습니다. 아파트라는 한정된 공간 안에서 점점 좁혀오는 공포와 불신, 그리고 생존을 위한 갈등이 무섭기도 하고 안타깝기도 하더군요. 괴물보다 더 무서운 건 사람일지도 모르겠습니다. 호러물이지만 오히려 사람들의 이야기가 기억에 더 오래 남는 웹툰이었어요.

(재료)

2인분
- ☐ 연근 2개
- ☐ 찹쌀 150g
- ☐ 흑설탕 150g
- ☐ 물 적당량
- ☐ 이쑤시개 적당량
- ☐ 대추 10개

★ 맛과 색감을 위해 반드시 흑설탕을 사용해주세요.

(준비)

1 찹쌀 150g은 물에 20분 이상 불린다.

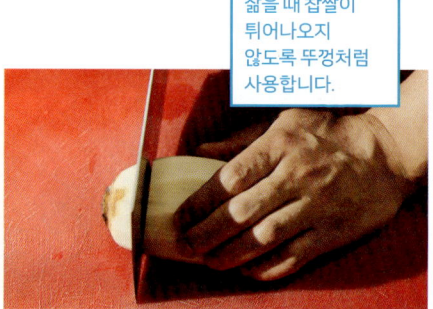

2 연근은 껍질을 필러로 깎고 꼭지 부분을 잘라둔다.

이때 잘라낸 꼭지는 버리지 마세요. 연근을 삶을 때 찹쌀이 튀어나오지 않도록 뚜껑처럼 사용합니다.

찹쌀 연근

(시작)

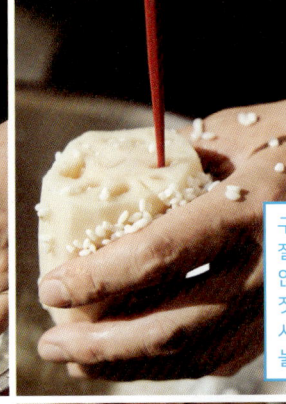

> 구멍에 찹쌀이 잘 들어가지 않는다면 젓가락을 사용해 꾹꾹 눌러 넣으세요.

1
연근 구멍을 찹쌀로 채운 뒤 연근 꼭지 부분을 덮고 이쑤시개를 찔러 봉합한다.

2

냄비에 연근과 대추가 모두
잠길 정도로 물을 붓고
흑설탕 150g을 넣은 뒤
중약불에서 40분 졸인다.

3

연근만 꺼내 식히고 대추와
함께 남은 소스는 계속
가열해 더욱 걸쭉해지도록
졸인다.

찹쌀 연근

4
잘 식은 연근을 썰어 ❸의
소스를 뿌리면 완성.

(맛있게 먹는 꿀팁!)

- 만화 속 괴물 같은 그로테스크한 느낌을 더 내고 싶다면 소스에 빨간 식용 색소 가루를 추가해도 좋아…!

- 밥반찬이나 건강한 고량주 안주로도 추천해.

카네기야, 이거라도 좀 먹어봐…

에스프레소 탕위안

난이도 ★★☆☆☆

『도쿄 구울』에서 구울은 인간의 음식을 먹을 수 없습니다. 그래서인지 주인공 카네기의 음식 묘사가 정말 대단한데, 예를 들면 병원의 된장국은 탁한 기계유 같다거나 두부의 식감은 동물의 지방을 되게 반죽해놓은 것 같다는 등 고든 램지마냥 신랄한 음식 표현이 압권이에요. 인육이 주식인 구울도 유일하게 맛있게 먹을 수 있는 음식이 커피입니다. 그래서 카네기도 먹을 수 있도록 에스프레소와 쫄깃한 찹쌀 경단인 탕위안을 조합해 맛있는 중식 디저트를 만들었어요.

『도쿄 구울』

절망적인 상황을 정말 잘 표현한 만화입니다. 식인 괴물 구울이 존재하는 세상, 주인공 카네기는 사고를 당해 반은 인간, 반은 구울이라는 이질적인 존재가 됩니다. 사람을 해치고 싶지 않지만 살아남기 위해서 인간 고기를 먹어야 하는 일그러진 자아와 숱한 차별 속에서도 인간으로 남고자 노력하는 카네기의 모습이 애틋합니다. 하루아침에 차별받는 존재가 된다면 과연 전 카네기처럼 선하게 행동할 수 있을까 하는 의문이 드네요.

카네기야, 이거라도 좀 먹어봐…

(재료)

2인분
- 탕위안(흑임자소) 8알
- 흑설탕 300g
- 물 적당량
- 에스프레소 50ml
- 계피 스틱 1개

★ 소스를 넉넉히 만드는 분량이니 먹고 싶은 만큼 탕위안을 더 삶아도 좋아요.

★ 2인분용 소스의 정량은 흑설탕 100g, 물 100ml, 에스프레소 20ml입니다.

★★ 맛과 색감을 위해 반드시 흑설탕을 사용해주세요.

(시작)

계피향을 좋아하지 않는다면 반으로 쪼개 절반만 넣으세요.

1
냄비에 흑설탕 300g과 물 300ml, 에스프레소 50ml, 계피 스틱 1개를 넣고 분량이 절반으로 줄어들 때까지 중약불에서 졸인다.

2
캐러멜 소스보다 농도가 묽을 때 불을 끄고 식힌다. 이때 냉장고에 넣어 차갑게 식혀도 좋다.

> 디저트 소스는 생각보다 묽다고 생각될 때 식혀야 너무 진해지지 않아요.

> 탕위안 봉투에 적힌 조리법에 따라 삶는 시간을 조절하세요.

3
탕위안이 달라붙지 않도록 끓는 물에 잘 저어가며 약 5분 익힌다.

4
탕위안이 말랑말랑해지면 건져 그릇에 담는다.

카네기야, 이거라도 좀 먹어봐…

5
식혀둔 흑설탕 소스를
탕위안 위에 자작하게
뿌리면 완성.

쫄깃 달콤 시원

소죠의 빙결 당고

난이도
★★★★☆

소죠의 빙결 능력을 이미지화하며 만들었습니다. 당고는 생각보다 만들기 어렵지 않아요. 굳이 꼬치에 끼우거나 젤라틴 소스를 만들지 않아도 직접 빚은 당고는 팬에 잘 구운 뒤 김에 싸서 먹으면 최고입니다. 레시피가 어렵게 느껴진다면 복잡한 소스는 생략하고 최대한 요리하기 쉽도록 나만의 방법을 연구하는 것도 좋겠습니다.

『카구라바치』

저희 직원이 요즘 재미있는 만화 없냐고 물어보길래 자신 있게 추천했던 작품입니다. 아버지가 살해당한 뒤 유품인 요도(요술을 새겨넣은 검)를 들고 복수를 결심한 소년 치히로의 복수극입니다. 깊이 있는 스토리에 캐릭터들도 개성이 넘쳐서 원나블(『원피스』, 『나루토』, 『블리치』)의 다음 세대 후보로 손색없습니다.

(재료)

1~2인분
- [ ] 찹쌀가루 150g
- [ ] 흑설탕 100g
- [ ] 사이다 350ml 1캔
- [ ] 판 젤라틴 3장
- [ ] 물 적당량
- [ ] 식용유 1바퀴
- [ ] 콩가루(선택)

★ 맛과 색감을 위해 반드시 흑설탕을 사용해주세요.

(준비)

1 판 젤라틴은 조각내 찬물에 담가 10분 불린다.

소죠의 빙결 당고

(시작)

1
냄비에 흑설탕 100g과 물 200ml를 넣고 분량이 반으로 줄어들 때까지 졸여 흑설탕 소스를 만든다.

2
다른 냄비에 사이다 350ml를 붓고 가열하다가 끓어오르면 불려둔 젤라틴을 넣은 후 중약불에서 2~3분간 녹인다.

3
2의 사이다 젤라틴물을 넓은 그릇에 붓고 냉장고에 넣어 2시간 이상 식힌다.

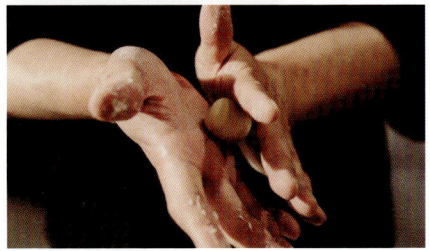

4

찹쌀가루 150g에 뜨거운 물 100ml를 붓고 익반죽을 하여 500원짜리 동전 크기로 둥글게 경단을 빚는다.

5

경단을 끓는 물에 넣어 삶는다.

6

경단이 살짝 떠오르면 건져내 찬물에 바로 넣어 식힌다.

소죠의 빙결 당고

7
식은 경단을 꼬치에 끼운 후
프라이팬에 식용유 1바퀴를
두르고 중약불에 겉면이
노릇해질 때까지 굽는다.

8
경단을 접시에 올리고 1의
흑설탕 소스를 뿌린다.

9

❸의 사이다 젤리를
숟가락으로 긁어 얼음
결정처럼 경단 위에 올리면
완성.

소죠의 빙결 당고

마키마를 먹는 간단한 방법

우메보시 크림치즈 잼

난이도 ★★☆☆☆

"마키마 씨와 하나가 되면 돼…." 지배의 악마 마키마의 부활을 막기 위해 주인공 덴지는 사랑하던 마키마를 먹기로 결정한다. 어떻게? 요리해서.

인육을 먹는 정말 충격적인 장면이었지만, 주인공의 미친 행보를 생각하면 꽤 괜찮은 결말이 아니었을까 싶어요. 덴지는 된장국, 생강구이 등으로 마키마를 요리해 먹는데, 저는 더욱 간단한 레시피로 마키마를 요리할 수 있게 구상했어요. 핑크빛 잼이 마키마의 머리색 같지 않나요? 달콤새큼한 맛이 중독적이니 꼭 한번 만들어보세요.

『체인소 맨』

힙함에 반했습니다. 빚을 갚기 위해 위험한 악마 사냥을 하는 소년 덴지. 동업자에게 배신당해 목숨을 잃었다고 생각한 순간, 반려 악마 포치타와 계약하며 전기톱 악마로 부활한 뒤 벌어지는 이야기를 그린 유쾌한 다크 판타지 액션물입니다. 세상을 구하기 위해서가 아니라 마키마에게 사랑받기 위해, 배곯지 않는 평범한 행복을 위해 악마들을 베어나가는 반쯤 정신 나간 주인공이 매력적이에요. 만화책도 좋지만 요네즈 켄시가 부른 애니메이션 오프닝 주제곡, 〈KICK BACK〉도 정말 좋으니 한번 들어보시길.

(재료)

2~3인분

- ☐ 생크림 100ml
- ☐ 우메보시 4~5알
- ☐ 요리당 10g
- ☐ 크림치즈 50g

★ 요리당이 없다면 올리고당을 사용해도 좋아요.

(준비)

  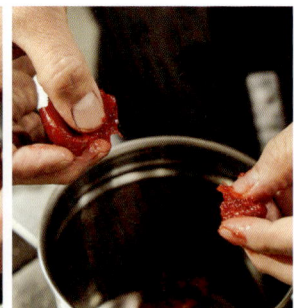

1 우메보시는 씨를 제거한다.

우메보시 크림치즈 잼

(시작)

단맛을 좋아하면 요리당의 양을 2배로 늘려보세요.

너무 되직해 잘 갈리지 않는다면 생크림을 조금씩 추가해 부드러운 질감을 만드세요.

1
깊은 통에 씨를 제거한 우메보시, 크림치즈 50g, 생크림 100ml, 요리당 10g을 넣어 블렌더로 곱게 간다.

2
크래커나 채소 스틱에 찍어 먹기 좋도록 그릇에 담으면 끝!

마키마를 먹는 간단한 방법

우메보시 크림치즈 잼

(맛있게 먹는 꿀팁!)

● 우메보시가 들어가 신맛이 날 것 같지만 먹어보면 딸기 크림치즈 맛이 나서 덴지처럼 식빵에 발라 먹어도 좋고, 유탸오, 꽈배기 등 담백한 디저트 빵에 찍어 먹어도 잘 어울려.

● 메이플 시럽을 살짝 뿌리면 향과 달콤한 맛이 살아나 더욱 맛있어.

쿠킹 외전 쉬어가는 틈새 레시피

진공청소기처럼 흡입하게 되는 맛
우메보시 볶음밥

(재료)

1인분

- ☐ 달걀 2개
- ☐ 밥 1공기
- ☐ 우메보시 1알
- ☐ 소금 2g
- ☐ 미원 2g
- ☐ 식용유 3바퀴

산미가 은은하고 색 또한 귀여운 핑크빛이라 눈과 혀가 즐거운 볶음밥입니다.
더운 여름, 북경에서 온 보우가 입맛을 잃었음에도 우메보시의 산미에 반해 진공청소기 시식법으로 밥알을 빨아들이던 장면이 기억나네요. 만화책 5권에 등장하는 요리예요.

난이도
★☆☆☆

(준비)
1. 달걀은 푼다.
2. 우메보시는 씨를 제거한다.

(시작)
1. 센불로 달군 웍에 식용유 3바퀴를 두르고 풀어둔 달걀을 부어 익힌다. 이때 미원 2g을 함께 넣는다.
2. 1의 웍에 우메보시와 밥을 빠르게 넣고, 우메보시를 으깨 밥과 잘 어우러지도록 볶는다.
3. 소금 2g을 넣고 볶아 마무리한다.

(맛있게 먹는 꿀팁!)

- 평소 집에서 하던 볶음밥 스타일에 우메보시만 추가해도 산미가 살아 있어 무한히 흡입 가능한 볶음밥이 된다구.
- 초생강을 곁들여도 좋아.

『신 중화일미』 과장된 맛 리액션의 시초가 된 "미미(美味)"로 유명한 일본의 대표적인 요리 만화입니다. 한국에서는 〈요리왕 비룡〉이라는 이름으로 애니를 방영했었어요. 만화방의 1호 메뉴인 비룡 떡볶밥을 만들게 한 작품이라 저에게 정말 소중한 만화이기도 합니다. 당시 일본 요리 만화들의 디테일과 고증은 정말 뛰어나서 저도 요리할 때 많은 도움을 받았어요.

쿠킹 외전 쉬어가는 틈새 레시피

생각보다 맛있을지도!

토마토 라멘

(재료)

1인분

- ☐ 100% 토마토 주스 400ml
- ☐ 라면* 1봉
- ☐ 소시지 1~2개
- ☐ 파르메산 치즈 약간
- ☐ 물 100ml~200ml
- ☐ 바질 약간**(선택)

★ 라면은 면이 너무 굵지 않은 신라면이나 진라면을 추천해요.
★★ 건바질이 아니라 생바질을 올리면 비주얼과 향이 더 살아나요!

만들어 먹어보고 '이거 왜 맛있냐…?'라는 생각이 들었던 토마토 라멘 레시피를 소개해요. 토마토와 라멘이 만나 매콤한 해장 스파게티 같은 맛이 나는 이색 라멘입니다!
남은 라멘 국물에 밥을 말아 먹으면 토마토 리소토처럼 즐길 수도 있어요. 애니메이션에서는 5화에 등장해요.

난이도
★☆☆☆☆

(시작)

1. 냄비에 토마토 주스 400ml와 물* 약 100ml를 넣고 끓인다.

★ 물은 화력을 보고 농도를 조절하며 조금씩 넣어주세요.

2. 국물이 끓어오르면 면과 건더기 수프, 가루 수프**를 넣고 4분 더 끓인다.

★★ 가루 수프는 다 넣으면 짤 수 있으니 기호에 따라 간을 조절하며 조금씩 넣어주세요.

3. 프라이팬에 소시지를 굽는다.

4. 면과 국물을 그릇에 담고 소시지, 파르메산 치즈, 바질을 올리면 완성!

(맛있게 먹는 꿀팁!)

- 바질이 아니더라도 다양한 허브를 추가해 먹으면 색다른 맛을 즐길 수 있어!

『라멘 너무 좋아 코이즈미 씨』

저는 라멘 마니아로 평소에도 라멘 관련 만화책을 좋아해요. 사실 순정 만화의 그림체를 딱히 좋아하지 않는 편이라 그림체에서 머뭇거렸지만, 라멘에 대한 작가의 진심 어린 마음이 느껴져서 재밌게 읽었어요. 스토리보다는 라멘을 향한 광기 어린 열정이 여운으로 남는 작품입니다. 쓰러진 여고생을 살리기 위해 라멘을 먹이는 명장면이 뇌리에서 잊히지 않네요.

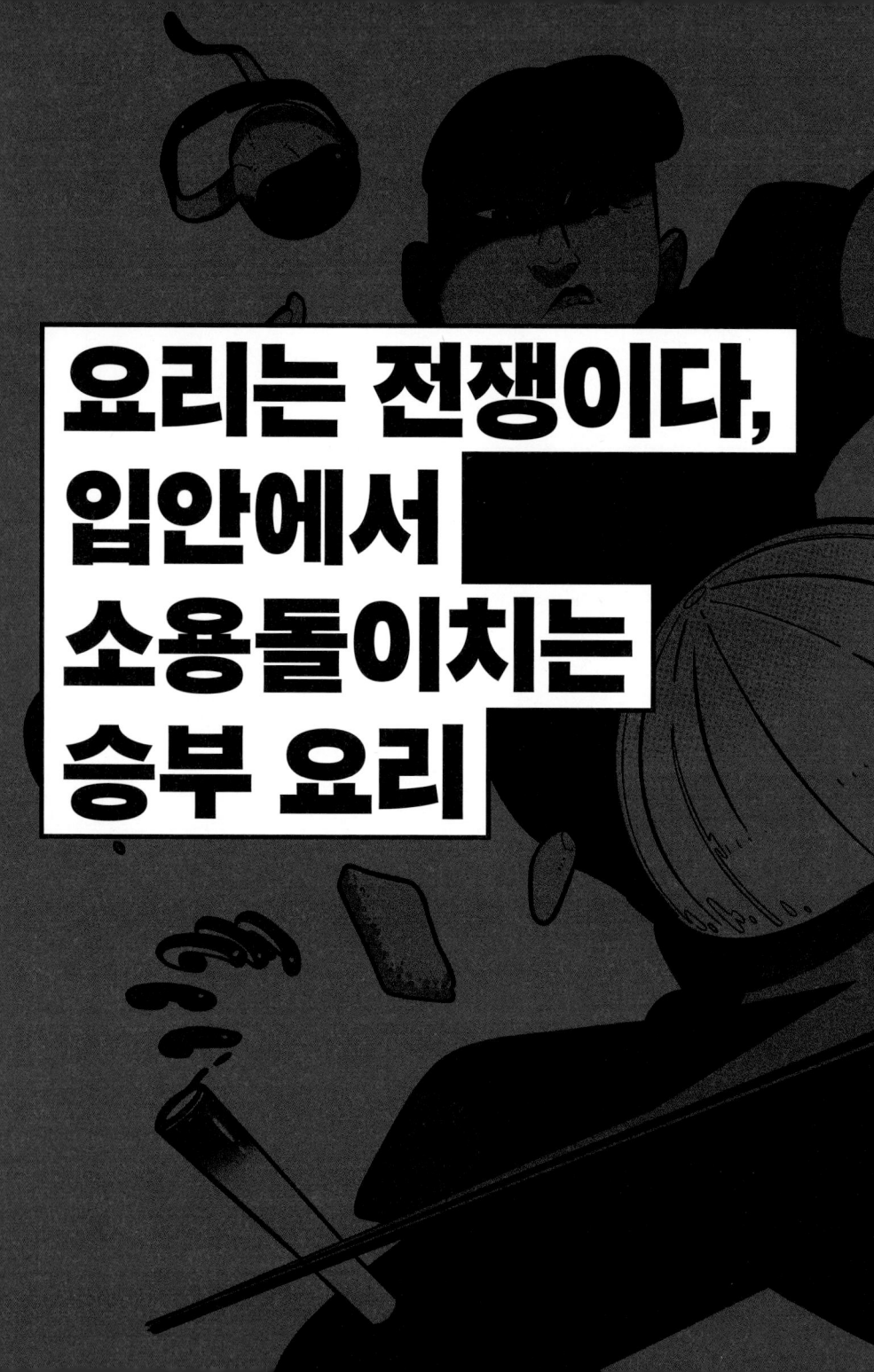

제4화

음식은 그날의 기분을 좌지우지할 만큼 큰 힘이 있죠.
절대로 지고 싶지 않은 중요한 날이나 기념일에
맛은 물론 비주얼로도 뒤지지 않는 요리들로 화려하게
승리를 거머쥐세요.

단숨에 녹아 없어지는
초간단 동파육

난이도
★ ★ ★ ★ ★

가정에서 만들기 쉽도록 간단하게, 또 가장 부드럽게 고안한 최신 동파육 레시피입니다. 맛있는 동파육의 핵심은 좋은 고기에 달려 있어요. 사실 향신료의 가짓수나 초벌 작업은 잡내를 잡기 위한 것이고, 간장을 비롯한 소스의 황금 비율로 좋은 고기를 졸이는 것이 가장 맛있는 동파육을 만드는 비결이에요. 〈흑백요리사〉에서는 고기를 튀겼는데 이 레시피에서는 생략한 이유도 튀길 때보다 토치로 겉면만 태우는 편이 딱딱한 부분을 최대한 없앨 수 있기 때문입니다. 만화책 2권에 나옵니다.

『맛의 달인』

무려 1983년에 연재를 시작해 111권까지 단행본이 나온 요리 만화의 클래식입니다. 부자지간의 갈등을 다루면서도 음식에 담긴 문화와 윤리적 문제까지 깊이 있게 설명해, 읽고 있으면 인간으로서 성장하는 것 같습니다.

단숨에 녹아 없어지는

(재료)

1인분
- 돼지 통오겹살 600g
- 청경채 2포기
- 노추 60ml
- 진간장 120ml
- 굴소스 2T
- 설탕 40g
- 생강 50g
- 오향분 5g(선택)
- 전분 약간
- 물 적당량

★ 정육점에서 고기를 살 때 살코기 부분은 커팅한 뒤 따로 갈아달라고 하세요. 커팅된 부분은 만두 등의 요리에 활용하세요.

★★ 향신료 향이 싫다면 오향분은 생략해도 괜찮아요.

(준비)

1 청경채는 끓는 물에 약 30초간 데쳐 건진 뒤 잔열로 익도록 둔다.

(시작)

1
청경채를 데친 물에
돼지 통오겹살을 넣고
30분 삶는다.

2
겉면이 골고루 익은
통오겹살을 꺼낸 뒤
노추 10ml를 전면에
바르고 토치로 겉면을
살짝 태운다.

> 혹시나 남아
> 있는 잔털을
> 없애기 위한
> 과정입니다.

단숨에 녹아 없어지는

3

압력솥에 물 1.2L, 노추 50ml, 진간장 120ml, 굴소스 2T, 설탕 40g, 생강 50g, 오향분 5g을 넣은 후 섞는다.

4

압력솥에 통오겹살을 넣고 뚜껑을 닫은 뒤 중약불에서 1시간 30분 익힌다.

압력솥이 없다면 일반 냄비에 뚜껑을 닫고 3시간 이상 끓이면 됩니다.

초간단 동파육

5
잘 익은 통오겹살을 꺼내 그릇에 담고, 남은 소스에 물과 전분을 1:1 비율로 섞어 만든 전분물을 조금씩 넣으며 농도와 간을 맞춘다.

6
살짝 걸쭉해진 소스를 고기 위에 뿌리고 데친 청경채를 곁들이면 완성.

(맛있게 먹는 꿀팁!)

● 소흥주와 곁들여 먹으면 멋진 안주가 되고, 밥과 백김치와 먹으면 밥도둑이 된다구!

● 남은 동파육 소스는 구수계(203쪽)의 냉채 소스를 만들 때 활용해봐~

다채로운 색감의 향연!

디핑 소스 팔레트

난이도
★★★★★

'비건 소스가 이렇게 깊은 맛이 나다니!' 하고 놀라실걸요? 평소 집에서 아이와 함께 미술 놀이를 많이 하는데 한번은 아이의 더럽혀진 팔레트가 아름답다는 생각이 들었어요. 그 순간 당장 매장으로 나가 여러 가지 퓌레를 섞는 요리 실험을 했죠. 이 요리는 그때 만들었던, 채소를 이용한 비건 디핑 소스와 꽃빵 튀김입니다. 알록달록한 소스 3종이 마치 야구치의 팔레트 같지 않나요?

〈블루 피리어드〉

입시 미술을 다룬 특이한 소재의 애니예요. 내용 자체도 재미있지만 미대생 출신으로서 굉장히 공감을 많이 하며 봤어요! 일본의 유명한 예술대학인 도쿄예술대학을 목표로 입시 준비를 하며 '예술이란 무엇인가?'를 진지하게 묻는 야구치가 성장하는 모습이 멋있습니다. 예술에 대한 열정과 고민, 입시 압박으로 힘들어하는 학생들의 낮은 자존감 문제를 다루기도 해서 학생분들에게 꼭 추천하고 싶어요.

(재료)

2인분
- 콜리플라워 1/3개
- 파프리카 4개
- 비트 1개
- 생크림 적당량
- 소금 적당량
- 말돈소금 3g
- 마늘 2쪽
- 구운 아몬드 8알
- 엑스트라 버진 올리브오일 50ml
- 냉동 꽃빵 3~6개
- 식용유 적당량
- 물 적당량

(준비)

> 2의 과정은 소스를 체에 거른다면 생략해도 되지만 태울 때 나오는 파프리카의 단맛을 살리기 위해서라도 가능하면 불에 태워 껍질을 완벽하게 제거한 파프리카를 사용하세요.

1 콜리플라워, 파프리카, 비트는 흐르는 물에 깨끗이 씻는다.

2 씻은 파프리카는 불에 태우고 찬물에서 껍질을 벗긴다.

3 비트는 필러로 껍질을 벗기고 숭덩숭덩 썬다.

디핑 소스 팔레트

(시작)

1
냄비에 콜리플라워가
잠길 만큼 물을 붓고
약 40분간 끓인다.
이때 소금도 1꼬집 넣는다.

> 모든 소스는
> 귀찮다면 체에
> 꼭 내리지 않아도
> 괜찮아요.

2
삶은 콜리플라워 중량의
30% 정도 되는 생크림과
중량 0.8% 정도의 소금을
추가한 후 블렌더로
곱게 갈아서 체에 내리면
콜리플라워 소스 완성.

3

준비해둔 파프리카는 씨를 제거하고 엑스트라 버진 올리브오일 50ml, 마늘 2쪽, 구운 아몬드 8알을 넣어 함께 간다.

파프리카 소스에 파르메산 치즈 20g을 추가하면 더욱 풍미가 살아요.

4

3의 소스를 체에 곱게 내려준 후 간을 보며 소금 2~3꼬집을 넣으면 파프리카 소스 완성.

디핑 소스 팔레트

5
비트가 잠길 만큼 냄비에 물을 붓고 40분간 강불에 끓인 후 체에 밭쳐 물기를 제거한다.

> 소금은 2~3꼬집 정도 넣으면 적절하겠지만, 간을 보고 기호에 따라 조절하는 것을 추천해요.

6
물기를 제거한 비트 중량의 30% 정도 되는 생크림과 0.8% 정도의 소금을 넣어 블렌더로 간 후 체에 내리면 **비트 소스** 완성.

다채로운 색감의 향연!

7
180도 식용유에
냉동 꽃빵이 앞뒤로
노릇해질 때까지 튀긴다.

> 나무젓가락을
> 식용유에 담갔을 때
> 기포가 보글보글
> 올라오면
> 약 180도입니다.

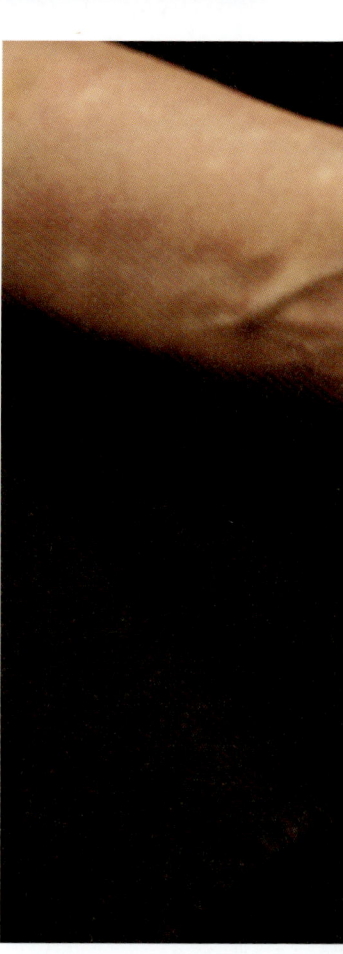

8
넓은 그릇에 위에 준비한
3종의 소스를 마음 가는
대로 담는다. 그 위에
말돈소금 3g을 뿌리면
완성.

디핑 소스 팔레트

신의 버터, 골수를 넣어 육즙 가득!

골수 만두

난이도
★
★★
★★★

본 매로우(골수)는 '신의 버터'라 불릴 만큼 특유의 크리미함과 녹진함이 일품입니다. 만두로 즐겨도 좋지만 만두를 빚기 어렵다면 만두피를 튀겨 그 위에 구운 본 매로우를 올려만 먹어도 충분히 맛있어요. 그렇게 드실 경우 마지막에 말돈소금과 후추를 뿌려 마무리해주세요. 만두피 대신 구운 바게트와 먹어도 맛있습니다. 만화책 1권에 등장합니다.

『철냄비 짱!! 2nd』

"요리는 승부다!"라는 명대사를 남긴 『철냄비 짱!』의 주인공 아키야마 짱 아들의 이야기를 그린 후속작입니다. 2부가 나올 줄은 상상도 못해서인지 뭔가 반가우면서도 세월의 흐름을 느껴 씁쓸한 기분이 들었네요. 중식 요리 승부를 펼치며 등장하는 기상천외한 요리와 격렬한 배틀을 보면 짱의 아들은 역시 짱이라는 생각이 듭니다.

신의 버터, 골수를 넣어 육즙 가득!

(재료)

2~3인분
- ☐ 돼지 다짐육 200g
- ☐ 소 다짐육 200g
- ☐ 본 매로우 500g
- ☐ 쪽파 2~3대
- ☐ 후추 4g
- ☐ 소금 3g
- ☐ 미원 1g
- ☐ 설탕 1g
- ☐ 만두피 약 20장
- ☐ 물 적당량

★ 반으로 잘려 있는 본 매로우를 구입하면 집에서 썰 필요가 없어 편합니다.

(준비)

1 본 매로우는 흐르는 물에 꼼꼼히 씻어 남아 있는 뼛가루를 제거한다.

2 쪽파는 초록 부분만 송송 썬다.

골수 만두

(시작)

1
본 매로우의 평평한 안쪽 면에 후추 2g을 골고루 뿌리고 200도로 예열한 에어프라이어에 25분 굽는다.

2
볼에 돼지 다짐육 200g, 소 다짐육 200g, 썰어둔 쪽파, 소금 3g, 미원 1g, 설탕 1g, 후추 2g을 넣고 섞는다.

> 이때 뼛가루가 들어갈 수 있으니 손으로 잘 섞으며 뼛가루가 들어가지 않았는지 확인하세요.

3
2의 만두소에 잘 익은 본 매로우를 숟가락으로 긁어 넣고 섞는다.

신의 버터, 골수를 넣어 육즙 가득!

만두피에 물을 묻혀 만두소가 삐져나오지 않도록 잘 여며주세요.

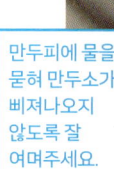

4

만두를 빚어 찜기에 올리고 센불로 6분 찌면 완성.

골수 만두

(맛있게 먹는 꿀팁!)

● 튀김 만두를 만들고 싶다면, 200도 기름에 약 3분 튀기면 돼.

● 남은 만두는 다음 날 매콤한 라면에 넣어봐~ 육즙이 가득한 만두라면 뚝딱 완성이야~

탱글탱글한 식감

바지락볶음 도삭면

난이도
★★★☆☆

바지락볶음은 제가 장지동 지하에서 운영하던 '장쓰동'(현 조광201)에서 팔았던 메뉴입니다.『철냄비 짱!! 2nd』2권에서 키리코가 아들인 아키야마 짱 2세에게 상냥한 말투지만 스파르타식으로 도삭면 훈련을 시키는 장면을 보고 이 요리가 다시 떠올랐어요.
쫄깃한 면과 바지락의 식감이 만족감을 줍니다. 바지락은 해감이 아주 중요한데 뻘을 먹은 바지락이 하나라도 있다면 모든 요리를 망치니 꼭 해감하시고, 뻘 먹은 바지락도 잘 골라내어 요리하길 바랍니다.

『철냄비 짱!! 2nd』

177쪽 참고

탱글탱글한 식감

(재료)

1인분
- [ ] 바지락 350g
- [ ] 소금 2T
- [ ] 도삭면 1개
- [ ] 고추기름 1바퀴
- [ ] 마늘 3쪽
- [ ] 산초 가루 2꼬집
- [ ] 베트남고추 4개
- [ ] 미원 1꼬집
- [ ] 전분 1T
- [ ] 물 적당량

★ 알이 굵은 바지락을 추천하지만 알이 클수록 해감은 오래 해야 해요.

(준비)

1 소금 2T를 넣어 바닷물 염도로 맞춘 물에 바지락을 넣고 검은 비닐봉지를 씌운 뒤 냉장고에서 최소 반나절 해감한다.

2 마늘은 편 썬다.

바지락볶음 도삭면

(시작)

1
프라이팬에 고추기름을 1바퀴 두르고 마늘과 산초가루 2꼬집을 넣어 살짝 볶는다.

2
센불에 바지락 350g과 베트남고추 4개를 순서대로 넣고 볶는다.

3
베트남고추가 타기 전에 물 2T를 넣고 뚜껑을 덮어 중약불로 3분 익힌다.

4
냄비에 물을 끓이고 도삭면을 넣어 7분 삶은 후 체에 밭쳐둔다.

5

바지락이 입을 벌리고 육수가 나오기 시작하면 미원 1꼬집을 넣고 물을 조금씩 추가하며 간을 맞춘다.

> 농도는 소스가 면에 잘 달라붙을 정도면 충분해요.

6

물과 전분을 1:1 비율로 섞은 전분물을 조금씩 넣으며 농도를 맞춘다.

7

삶은 도삭면을 접시에 담고 그 위에 바지락볶음을 올리면 완성.

떡과 밥의 환상 궁합

비룡 떡볶밥

난이도
★★☆☆

비룡 떡볶밥은 시판 소스를 사용하는 만큼 여러 가지 변주를 주기 좋은 간단 레시피입니다. 떡볶이에 카레 가루를 넣어 카레 떡볶이로, 볶음밥에 스파게티 소스를 넣은 뒤 달걀을 올려 오므라이스 떡볶이로 만들 수도 있으니 다양한 방법으로 재미있게 요리해보세요. 둥근 볶음밥의 모양이 꼭 〈요리왕 비룡〉에 자주 나오는 돔 모양의 은색 음식 덮개 같지 않나요?

〈요리왕 비룡〉

요리 애니메이션이지만 마치 무협지처럼 전개되는 독특한 매력이 있습니다. 주인공 마오싱은 어린 나이에 황제의 요리사가 되기 위해 전국을 돌아다니며 요리 배틀을 벌이는데, 냉면으로 사람을 구하고, 볶음밥으로 눈물을 흘리게 만드는 장면은 지금 봐도 흥미진진합니다. 요리에 사람의 마음을 움직이는 힘이 있다는 걸 보여주는 작품이죠.

떡과 밥의 환상 궁합

(재료)

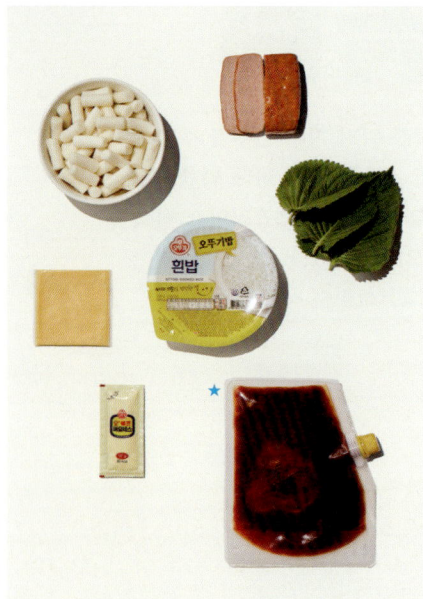

1인분
- ☐ 떡볶이 소스 300ml
- ☐ 물 300ml
- ☐ 쌀떡 300g
- ☐ 밥 1공기
- ☐ 햄 2편
- ☐ 마요네즈 1T
- ☐ 슬라이스 치즈 1장
- ☐ 깻잎 3~4장
- ☐ 식용유 3바퀴

★ 단맛이 강한 떡볶이 소스를 사용하세요. 큰댁 떡볶이 소스를 추천해요.

(준비)

1　햄은 볶음밥용으로 작게 썬다.

2　깻잎은 씻어 꼭지를 떼고 얇게 채 썬다.

비룡 떡볶밥

(시작)

1
냄비에 물 300ml, 떡볶이 소스 300ml, 쌀떡 300g을 넣고 팔팔 끓여 국물이 넉넉한 떡볶이를 만든다.

> 시판 소스의 조리법에 따라 물의 양을 조절하세요.

> 이때 카레 가루를 1T 넣어도 맛있습니다.

2
웍에 식용유를 3바퀴 두르고 밥과 햄, 마요네즈 1T를 넣어 강불로 볶는다.

3
밥그릇에 볶음밥, 슬라이스 치즈, 다시 볶음밥 순으로 담고 꾹 눌러 모양을 잡는다.

4
넓은 접시 가운데에 볶음밥 그릇을 뒤집어 올린 뒤 가장자리에 떡볶이를 담는다.

5
채 썬 깻잎을 올려 마무리한다.

제5화

조용한 밤, 좋아하는 만화책 한 권과 안주 한 접시면
그게 바로 천국이죠. 현생의 무거운 짐은 다 내려놓고
술 한잔에 기대어 친구들과 혹은 가족들과 함께
오타쿠 토크로 이야기 꽃을 피워보세요.

입에 침 고이는 냉채 닭 요리

구수계

난이도
★★★☆☆

'입에 군침이 도는 닭 요리'라는 뜻으로 요다레도리, 침닭으로도 불리는 구수계에는 다양한 맛이 공존합니다. 동파육을 요리하고 남은 소스를 활용할 수 있는 레시피예요. 레시피에서는 따로 견과류를 쓰지 않았지만, 혹시 집에 견과류나 땅콩버터가 있다면 크런치한 식감을 위해 마지막에 견과류를 고명으로 올리거나 생크림과 땅콩버터를 2:1 비율로 섞어서 부드러운 곁들임 소스로 활용해도 아주 맛이 좋습니다. 만화책 103권에 등장합니다.

『아빠는 요리사』

평범한 샐러리맨이자 한 가정의 아버지가 소박하면서도 매력적인 요리를 만드는 잔잔한 일상 요리 만화입니다. 악역 캐릭터가 전혀 없고, 등장인물 모두 순박하고 따뜻한 사람들이라 읽기 편해요. 작가 우에야마 토치가 직접 요리를 만들어보고 경험한 것만 만화에 담아내서 그런지 단행본 말미에 실린 레시피들은 일본 요리 만화 중에서도 무척 현실적이며 따라 하기 쉽습니다.

입에 침 고이는 냉채 닭 요리

(재료)

1~2인분
- ☐ 생닭 1마리
- ☐ 동파육 소스 600ml
- ☐ 오이 1개
- ☐ 대파 약간
- ☐ 마늘 10쪽
- ☐ 진간장 250ml
- ☐ 식초 100ml
- ☐ 라오간마 1T
- ☐ 마라유 1바퀴
- ☐ 물 적당량

★ 동파육 소스(160쪽 참고)는 물 300ml, 진간장 30ml, 굴소스 10g, 설탕 15g으로 대체할 수 있습니다. 이 경우 진간장 120ml, 식초 50ml로 나머지 소스 분량을 조절해주세요.

★★ 라오간마는 닭고기 맛을 추천해요.

(준비)

대파 흰 부분을 사용해주세요.

1 대파는 깨끗이 씻어 길게 채 썰고 찬물에 담가 매운맛을 빼둔다.

2 오이는 껍질을 벗기지 않고 세로로 반 갈라 칼면으로 탕탕 때린 후 깍둑썰기 한다.

3 마늘은 간다.

(시작)

1

깊은 냄비에 닭이 잠길 만큼 물을 붓고 팔팔 끓으면 생닭을 넣는다.

2

물이 다시 끓어오르기 시작하면 불을 끈 후 뚜껑을 덮고 30분간 천천히 익힌다.

손으로 찢을 수 있을 만큼 충분히 식히세요.

3

잘 익은 닭고기를 꺼내 식힌 후, 부위별로 잘라 뼈와 살을 분리한다.

이때 동파육 소스는 전분물을 넣기 전 소스입니다.

냉채 소스는 냉장고에 시원해질 때까지 두고 꺼내 먹으면 더 맛있어요.

4

동파육 소스 600ml에 진간장 250ml, 식초 100ml, 라오간마 1T, 간 마늘을 넣고 섞어 냉채 소스를 만든다.

입에 침 고이는 냉채 닭 요리

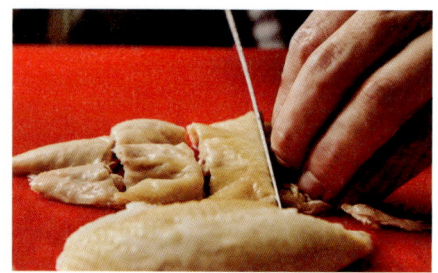

5
준비 2의 오이를 그릇에 깔고 그 위에 부드러운 닭다리살만 골라 썰어 올린 후 냉채 소스를 듬뿍 붓는다.

6
마라유 1바퀴를 두르고 준비 1의 대파를 올려 마무리한다.

(맛있게 먹는 꿀팁!)

● 남은 냉채 소스는 먹고 남은 족발이나 수육, 봄나물 등에 뿌려 활용해봐~

● 닭 한 마리를 전부 구수계로 요리해도 좋지만, 구수계에는 부드러운 닭다리살만을 사용하고 남은 부위는 빵빵지(211쪽)를 만들 때 활용하길 추천해.

닭, 넌 이미 죽어 있다…

빵빵지

난이도
★★★☆

닭고기를 때려서 만드는 중국식 냉채 닭 요리 빵빵지입니다. 천천히 닭을 익히는 방식은 중국의 오래된 전통 요리법으로, 아주 부드럽게 닭을 삶을 수 있습니다. 하지만 불을 끄는 타이밍을 맞추기 어렵고, 자칫 끓어오르지 않은 상태에서 불을 끄면 닭이 익지 않을 수 있어요. 닭이 조금 오래되었거나 크다면 닭을 넣고 물이 끓어오른 뒤 5분 가열하고, 불을 끄고 35분간 그대로 두고 잔열로 충분히 익히세요. 시판 닭가슴살로 요리할 때는 최대한 부드러운 제품을 사용하거나 최대한 얇게 손으로 찢어 사용하세요.

『북두의 권』

남자의 만화, 정극의 그림체! 단순한 액션 만화인 줄 알았다가 생각보다 재미있는 스토리와 연출에 놀라는 작품입니다. "넌 이미 죽어 있다."라는 명대사를 남긴 만화로, 이런 포스트 아포칼립스 세계관에서 주먹으로 살아남는 만화는 『북두의 권』이 제일 매력적이라고 생각해요.

닭, 넌 이미 죽어 있다…

(재료)

1~2인분
- 닭가슴살 1덩이
- 오이 1/4개
- 대파 약간
- 마늘 10쪽
- 엑스트라 버진 올리브오일 200ml
- 설탕 200g
- 깨 20g
- 식초 65ml
- 진간장 65ml
- 고추기름 1바퀴
- 물 적당량

★ 사실 어떤 부위를 사용해도 좋지만, 구수계를 만들고 남은 닭고기 부위 중에서도 섬유질이 풍부한 닭가슴살만을 사용하길 추천해요.

(준비)

1 오이와 대파는 깨끗이 씻어 얇게 채 썬다.

대파는 흰 부분을 사용해주세요.

2 대파는 찬물에 담가 매운맛을 뺀다.

(시작)

닭 삶는 법은 205쪽을 참고하세요.

1
닭가슴살을 탕탕 두드려 편 뒤, 갈라져 튀어나온 살의 끝 부분을 잡고 손으로 잘게 찢는다.

2
믹서에 마늘, 엑스트라 버진 올리브오일 200ml, 설탕 200g, 깨 20g, 식초 65ml, 진간장 65ml를 모두 넣고 갈아 소스를 만든다.

3
그릇에 채 썬 오이를 깔고 닭가슴살을 올린 뒤 2의 소스를 5T 뿌린다.

4

그 위에 고추기름을 1바퀴 두른다.

5

준비 2의 대파를 올려 마무리하면 끝.

(맛있게 먹는 꿀팁!)

- 닭고기는 잘게 찢을수록 식감이 살아나.

- 남은 소스는 냉장 보관하면 2주 동안 먹을 수 있으니, 오리엔탈 소스처럼 샐러드에 뿌려 활용해봐.

황 씨 아주머니의 맥주 도둑!

육포와 맥주 소스

난이도
★★★☆☆

〈아비무쌍〉 웹툰이 너무 재미있어서 웹소설까지 찾아 읽었습니다. 이 레시피는 웹툰 128화에서 무관 수련회를 가다가 봉변을 당한 황 씨 아주머니의 아들 봉이가 노가장에게 구출되어 행군을 하던 중 아이들에게 나누어주지 않고 혼자 몰래 먹던 육포를 따라 해본 것입니다.

맥주 소스는 실제로 제 어머니가 몽골 여행을 갔을 때 배워오신 레시피예요. 매콤 새콤한 소스가 고소하고 짭짤한 육포와 궁합이 아주 좋아서 맥주가 술술 들어갑니다!

〈아비무쌍〉

가장 좋아하는 무협 웹툰을 꼽으라고 하면 언제나 1등은 〈아비무쌍〉! 무협과 육아가 이렇게 잘 어울린다는 걸 알려준 웹툰이기도 합니다. 아버지의 마음으로 가끔 등장하는 세쌍둥이와 서현이의 성장을 지켜보는 것도 즐겁고, 강한 주인공 노가장이 스스로를 약하다고 오해하는 방치형 성장물인 점도 아주 좋은 만화라고 생각하는 이유예요. 검보다 기저귀가 무거운 아버지의 마음에 공감하실 분들이 많을 것 같아요.

황 씨 아주머니의 맥주 도둑!

(재료)

1~2인분
- [ ] 부챗살 300g
- [ ] 진간장 적당량
- [ ] 설탕 적당량
- [ ] 식용유 적당량
- [ ] 미원 1T
- [ ] 고춧가루 1T
- [ ] 맥주 1T

★ 정육점에서 부챗살을 살 때 육전용으로 얇게 썰어달라고 부탁하세요.

★★ 김 빠진 맥주를 활용해도 충분히 맛있어요.

(시작)

1
넓은 그릇 2개를 준비해 각각의 그릇에 바닥이 보이지 않을 만큼 진간장과 설탕을 부어 얇게 깐다.

육포와 맥주 소스

이 상태로 냉장고에 2시간 이상 재우면 더 맛있어요. 시간이 없더라도 최소 30분은 냉장고에서 재워두길 추천합니다.

2

부챗살을 진간장에 담근 뒤 설탕을 묻힌다.

조금 까맣더라도 탄 게 아니니 안심하고 튀겨도 됩니다.

나무젓가락을 식용유에 담갔을 때 기포가 보글보글 올라오면 약 180도입니다.

3

180도로 예열한 식용유에 재워둔 부챗살을 넣고 3분 튀긴다.

4
쫄깃하고 바삭하게 튀긴 육포를 키친타월에 올려 기름을 제거한다.

> 소스는 찍어 먹기 편하게 살짝 묽은 정도가 좋아요.

5
종지에 미원과 고춧가루, 맥주를 1T씩 넣고 간을 보며 농도를 조절한다.

⑥
육포에 소스를 찍으면 끝!

단백질 가득

홍콩식 차슈

난이도 ★★★★☆

『메이드 인 어비스』 2권에서 '오젠'이라는 등장인물의 "너도 그 고기랑 마찬가지잖아?"라는 멘트를 보고 떠올린 차슈 레시피입니다. 대괴부유와 오향분이 들어가 홍콩의 향이 나는 것 같아요. 꿀을 발라 익히는 레시피라서 조리 과정 중 타기 쉬운데, 가장자리가 탈 것 같을 때 꺼내면 속이 완전히 익지 않습니다. 레스팅 후 탄 부분은 잘라내면 되니 과감하게 지켜보는 것이 팁! 애니메이션에서는 1기 7화에 등장합니다.

『메이드 인 어비스』

"나락의 끝에서 기다린다."라는 메시지를 남기고 아래로 끝없이 이어지는 거대 동굴 '어비스'에서 행방을 감춘 어머니. 어머니를 찾기 위해 목숨을 건 탐험을 시작하는 소녀 리코와 동료 로봇 레그의 모험을 그린 작품입니다. 최근 3년간 본 만화 중 가장 강렬하고 세계관이 탄탄해요. 동화처럼 아기자기한 그림체와는 달리, 그 안에 담긴 스토리는 충격적일 만큼 잔혹합니다. 어비스의 신비한 생태계와 깊이 들어갈수록 살아 돌아오기 어렵게 설계된 저주가 숨이 막히도록 잔인하지만 그 잔인함이 매력적이라 한동안 충격에서 헤어나오지 못할 수도 있습니다.

단백질 가득

(재료)

1인분

- ☐ 돼지 목살 300g
- ☐ 대괴부유 2조각
- ☐ 진간장 15ml
- ☐ 굴소스 15ml
- ☐ 꿀 30ml
- ☐ 설탕 30g
- ☐ 오향분 2g(선택)
- ☐ 밥 1공기(선택)

★ 꿀이 없다면 종류 상관없이 잼으로 대체 가능해요.

(시작)

1

대괴부유를 손으로 잘 으깨고 진간장 15ml, 굴소스 15ml, 꿀 30ml, 설탕 30g을 넣고 섞어 소스를 만든다.

숟가락보다 손으로 으깨는 게 좋아요.

이때 오향분이 있다면 함께 넣어주세요.

홍콩식 차슈

2
돼지 목살을 소스에
잘 버무린 뒤 랩을 씌워
냉장고에서 1시간 이상
재운다.

> 사용하는 에어프라이어
> 온도가 너무 세면 고기가
> 탈 수 있으니 중간중간
> 확인하며 온도를 조절하세요.

3
재워둔 목살을 꺼내
에어프라이어에 넣고
200도에서 20분 굽는다.

4
남은 소스를 고기에
덧바르고 200도에서 10분
더 익힌 뒤 먹기 좋게 썰면
완성.

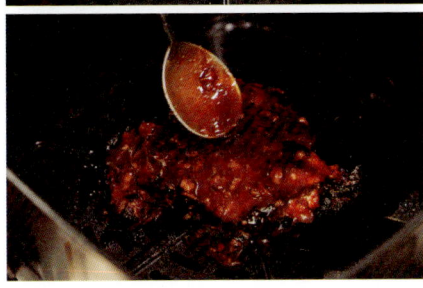

숲과 장작의 진한 향을 풍기는…

훈제 연어와 올리브오일

난이도 ★★★★★

연어와 올리브오일을 훈연했다면 정말 좋은 재료 두 가지가 생긴 것입니다. 훈연한 뒤 그대로 먹어도 좋지만 훈제 연어로 샐러드나 샌드위치를 만들 수도 있고 훈연 올리브오일로 스모크 마요네즈를 만드는 등 무궁무진하게 활용할 수 있어요. 훈연 향을 좋아한다면 한번쯤 꼭 도전해보길 바랍니다.

『훈제요리 라이프』

직장인 여성과 알바생 남성의 느긋한 동거 생활을 그린 만화입니다. 훈제는 기다림의 요리이고, 이 둘의 조용한 일상과 참 많이 닮아 있어요. 철저한 준비와 연기 속의 기다림이 언젠가 맛있는 요리가 완성될 것임을 암시하듯 이들의 관계도 서두르지 않고 깊어지죠. 남자 주인공이 어딘가 무능해 보이기도 하지만, 이상하게도 제가 바라는 삶의 모습과 닮아 있어 자꾸 마음이 가는 작품입니다.

숲과 장작의 진한 향을 풍기는…

(재료)

1~2인분
- ☐ 생연어 300g
- ☐ 굵은 소금 50g
- ☐ 설탕 50g
- ☐ 돌얼음 1kg 1봉
- ☐ 엑스트라 버진 올리브오일 적당량
- ☐ 스모크우드 1개

★ 스모크우드는 사과나무를 사용하길 추천해요.

(준비)

하룻밤이 길다면 최소 2시간은 재워주세요.

이때 원하는 허브를 추가해도 좋아요.

1 굵은 소금 50g과 설탕 50g을 섞은 후 연어에 골고루 묻힌다.

2 랩을 씌워 냉장고에서 하룻밤 재운다.

훈제 연어와 올리브오일

(시작)

1
염장한 연어에 묻은 설탕과 소금을 차가운 물로 씻어내고 키친타월로 물기를 제거한다.

> 박스는 종이 상자나 철제 트레이 등 뚜껑이 있는 큰 박스라면 다 사용할 수 있어요.

> 연어 아래에 얼음을 받쳐두어야 연기로 인해 연어가 익는 걸 방지할 수 있어요.

2
박스에 돌얼음을 봉지째 넣고 그 위에 연어를 채반에 담아 올린다.

3
엑스트라 버진 올리브오일도 원하는 양만큼 접시에 부은 뒤 박스에 넣는다.

숲과 장작의 진한 향을 풍기는…

 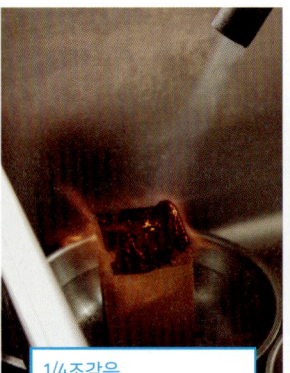 

1/4조각은
2시간 정도면 다 타니,
중간중간 확인하며
스모크우드를 추가하세요.

뚜껑을 덮을 땐
불이 꺼지지 않도록
공기구멍을 남기세요.

4
1/4조각으로 부순
스모크우드를 박스에
넣고 불을 붙인 후 뚜껑을
덮는다.

5
취향에 따라 짧게는
30분, 길게는 하룻밤
동안 스모크우드와
얼음을 추가하며 연어와
올리브오일을 훈연한다.

6
연어를 꺼내 먹기 좋은
크기로 썰면 끝!

이 책에 소개된 만화 목록

제1화 — 지각을 면하는 개운한 아침 건강식

- 츠쿠다 유토, 『식극의 소마』, 사에키 슌 그림, 오경화 옮김, 대원씨아이, 2014
- 『식극의 상디』, 오다 에이치로 원작, 사에키 슌 그림, 츠쿠다 유토 스토리, 길명 옮김, 대원씨아이, 2023
- 〈짱구는 못말려〉, 우스이 요시토 원작, 혼고 미츠루 감독, 1922
- 이토 준지, 『소용돌이(합본판)』, 한나리 옮김, 시공사, 2010
- 〈아따맘마〉, 케라 에이코 원작, 야스미 테츠오·다이치 아키타로 감독, 2002
- [전자책] 『오늘의 버거』, 사이타니 우메타로 그림, 하나가타 레이 글, 김일례 옮김, 소미미디어, 2019

제2화 — 내 위장이 반응하고 있어! 최애의 HP 충전 요리

- 고토게 코요하루, 『귀멸의 칼날』, 장지연 옮김, 학산문화사, 2017
- 아카기시 K, 『터무니없는 스킬로 이세계 방랑 밥』, 에구치 렌 원작, 마사 그림, 김현주 옮김, 소미미디어, 2019
- 〈짱구는 못말려 극장판: 엄청 맛있어! B급 음식 서바이벌〉, 우스이 요시토 원작, 하시모토 마사카즈 감독, 2013
- [전자책] 우마다 이스케, 『콘다 테루의 합법 레시피』, 시프트코믹스 출판부 옮김, 시프트코믹스, 2017
- 와타나베 타카시, 『맛없는 밥 엘프와 유목 생활』, 오마 쿠로 원작, 조원로 옮김, 소미미디어, 2023
- 키시모토 마사시, 『나루토』, 문준식 옮김, 대원씨아이, 2000
- [전자책] 다이스케 테라사와, 『미스터 맛짱』, 학산문화사, 2021

● 만화 단행본 및 전자책은 『 』, 애니메이션 및 웹툰은 〈 〉로 표기했습니다.

● 만화 목록에 표기된 모든 정보는 만화 1권, 애니메이션 1기 기준입니다.

제3화 — 첫 만남이지만 낯설지 않은데? 생소한데 맛있는, 반전 요리
- 아쿠타미 게게, 『주술회전』, 이정운 옮김, 서울미디어코믹스, 2019
- 김칸비, 〈스위트 홈〉, 황영찬 그림, 네이버웹툰, 2017
- 이시다 스이, 『도쿄 구울』, 강동욱 옮김, 대원씨아이, 2013
- 호카조노 타케루, 『카구라바치』, 한나리 옮김, 대원씨아이, 2024
- 후지모토 타츠키, 『체인소 맨』, 김시내 옮김, 학산문화사, 2020
- 오가와 에츠시, 『신 중화일미』, 학산문화사, 2004
- 나루미 나루, 『라멘 너무 좋아 코이즈미 씨』, 김시내 옮김, 파노라마엔터테인먼트, 2016

제4화 — 요리는 전쟁이다, 입안에서 소용돌이치는 승부 요리
- 테츠 카리야, 『맛의 달인』, 투엔티세븐 편집부 옮김, 대원씨아이, 1998
- 〈블루 피리어드〉, 야마구치 츠바사 원작, 마스나리 코지 감독, 2021
- 사이조 신지, 『철냄비 짱!! 2nd』, 허윤 옮김, 대원씨아이, 2019
- 〈요리왕 비룡〉, 오가와 에츠시 원작, 안노 마사미 감독, 1997

제5화 — 궁극의 안주를 찾아서…
- 우에야마 토치, 『아빠는 요리사』, 학산문화사, 2000
- 하라 테츠오, 『북두의 권』, Buronson 원작, 서현아 옮김, 학산문화사, 2020
- 노경찬, 〈아비무쌍〉, 이현석 그림, 카카오웹툰, 2017
- 츠쿠시 아키히토, 『메이드 인 어비스』, 미우(대원) 옮김, 미우(대원씨아이), 2017
- [전자책] 오시마 치하루, 『훈제요리 라이프』, 에이케이커뮤니케이션즈, 2021

241

만찢남의 오타쿠 레시피

한입이면 입덕! 한번쯤 먹어보고 싶었던 만화 속 그 요리

1판 1쇄 찍음 2025년 7월 25일
1판 1쇄 펴냄 2025년 8월 1일

지은이	조광효

편집	최서영 길은수 김지향
교정교열	신귀영
디자인	한나은
사진	윤동길(어댑터스튜디오)
스타일링	김지현(mellow)
일러스트	장띵
미술	이미화 김낙훈 김혜수
마케팅	정대용 허진호 김채훈 홍수현 이지원 이지혜 이호정
홍보	이시윤 김유경
저작권	남유선 한문숙 송지영
제작	임지헌 김한수 임수아 권순택
관리	박경희 김지현 박성민

펴낸이	박상준		세미콜론은 민음사 출판그룹의
펴낸곳	세미콜론		만화·예술·라이프스타일 브랜드입니다.
출판등록	1997. 3. 24. (제16-1444호)		www.semicolon.co.kr
	06027 서울특별시 강남구 도산대로1길 62		
대표전화	515-2000	엑스	semicolon_books
팩시밀리	515-2007	인스타그램	semicolon.books
편집부	517-4263	페이스북	SemicolonBooks
팩시밀리	515-2329		

ISBN 979-11-94087-72-4 13590